TEORIA E CLÍNICA INSPIRADAS
EM SÁNDOR FERENCZI

Editora Appris Ltda.
1.ª Edição - Copyright© 2024 do autor
Direitos de Edição Reservados à Editora Appris Ltda.

Nenhuma parte desta obra poderá ser utilizada indevidamente, sem estar de acordo com a Lei nº
9.610/98. Se incorreções forem encontradas, serão de exclusiva responsabilidade de seus organi-
zadores. Foi realizado o Depósito Legal na Fundação Biblioteca Nacional, de acordo com as Leis nᵒˢ
10.994, de 14/12/2004, e 12.192, de 14/01/2010.

Catalogação na Fonte
Elaborado por: Dayanne Leal Souza
Bibliotecária CRB 9/2162

O488t 2024	Oliveira, Marcos de Moura Teoria e clínica inspiradas em Sándor Ferenczi / Marcos de Moura Oliveira. – 1. ed. – Curitiba: Appris, 2024. 167 p. ; 23 cm. – (Coleção Clínicas). Inclui referências. ISBN 978-65-250-6948-7 1. Psicanálise. 2. Empatia. 3. Fragmentação. 4. Trauma. 5. Confusão de língua. I. Oliveira, Marcos de Moura. II. Título. III. Série. CDD – 150.195

Livro de acordo com a normalização técnica da ABNT

Appris editora

Editora e Livraria Appris Ltda.
Av. Manoel Ribas, 2265 – Mercês
Curitiba/PR – CEP: 80810-002
Tel. (41) 3156 - 4731
www.editoraappris.com.br

Printed in Brazil
Impresso no Brasil

Marcos de Moura Oliveira

TEORIA E CLÍNICA INSPIRADAS EM SÁNDOR FERENCZI

Appris
editora

Curitiba, PR
2024

FICHA TÉCNICA

EDITORIAL
Augusto Coelho
Sara C. de Andrade Coelho

COMITÊ EDITORIAL
Ana El Achkar (Universo/RJ)
Andréa Barbosa Gouveia (UFPR)
Antonio Evangelista de Souza Netto (PUC-SP)
Belinda Cunha (UFPB)
Délton Winter de Carvalho (FMP)
Edson da Silva (UFVJM)
Eliete Correia dos Santos (UEPB)
Erineu Foerste (Ufes)
Fabiano Santos (UERJ-IESP)
Francinete Fernandes de Sousa (UEPB)
Francisco Carlos Duarte (PUCPR)
Francisco de Assis (Fiam-Faam-SP-Brasil)
Gláucia Figueiredo (UNIPAMPA/ UDELAR)
Jacques de Lima Ferreira (UNOESC)
Jean Carlos Gonçalves (UFPR)
José Wálter Nunes (UnB)
Junia de Vilhena (PUC-RIO)

Lucas Mesquita (UNILA)
Márcia Gonçalves (Unitau)
Maria Aparecida Barbosa (USP)
Maria Margarida de Andrade (Umack)
Marilda A. Behrens (PUCPR)
Marília Andrade Torales Campos (UFPR)
Marli Caetano
Patrícia L. Torres (PUCPR)
Paula Costa Mosca Macedo (UNIFESP)
Ramon Blanco (UNILA)
Roberta Ecleide Kelly (NEPE)
Roque Ismael da Costa Güllich (UFFS)
Sergio Gomes (UFRJ)
Tiago Gagliano Pinto Alberto (PUCPR)
Toni Reis (UP)
Valdomiro de Oliveira (UFPR)

SUPERVISORA EDITORIAL
Renata C. Lopes

PRODUÇÃO EDITORIAL
Daniela Nazario

REVISÃO
Monalisa Morais Gobetti

DIAGRAMAÇÃO
Amélia Lopes

CAPA
Daniela Baumguertner

REVISÃO DE PROVA
Jibril Keddeh

COMITÊ CIENTÍFICO DA COLEÇÃO SAÚDE MENTAL

DIREÇÃO CIENTÍFICA
Roberta Ecleide Kelly (NEPE)

CONSULTORES
Alessandra Moreno Maestrelli (Território Lacaniano Riopretense)

Ana Luiza Gonçalves dos Santos (UNIRIO)

Antônio Cesar Frasseto (UNESP, São José do Rio Preto)

Felipe Lessa (LASAMEC - FSP/USP)

Gustavo Henrique Dionísio (UNESP, Assis - SP)

Heloísa Marcon (APPOA, RS)

Leandro de Lajonquière (USP, SP/ Université Paris Ouest, FR)

Marcelo Amorim Checchia (IIEPAE)

Maria Luiza Andreozzi (PUC-SP)

Michele Kamers (Hospital Santa Catarina, Blumenau)

Norida Teotônio de Castro (Unifenas, Minas Gerais)

Márcio Fernandes (Unicentro-PR-Brasil)

Maria Aparecida Baccega (ESPM-SP-Brasil)

Fauston Negreiros (UFPI)

PREFÁCIO

Os textos de Sándor Ferenczi provocam no leitor, geralmente, sensações muito familiares. É interessante perceber, durante a leitura, pensamentos de dúvida, sentimentos ambivalentes de alegria e medo, estranhamentos carregados de julgamento, apaziguamento e até sensações de acolhimento. Isso se dá principalmente pela coragem clínica que Ferenczi tem em seu percurso como autor, descrevendo seus sucessos, mas também suas derrocadas, propondo caminhos inusitados e ao mesmo tempo denunciando caminhos tortos da própria psicanálise. A escrita de Ferenczi mostra que sua clínica, seus pacientes, sua construção como analista, suas transferências, tudo isso está em um lugar de grande importância, mas nunca de rigidez.

É um tanto dessa coragem e dessa flexibilidade que encontramos neste livro. A possibilidade de mover os conceitos de seus lugares predefinidos, de reorganizar propostas e enxergar com novos olhos é justamente o que conseguimos perceber nesta leitura, consequência da flexibilidade que o autor aprendeu ou reconheceu em Ferenczi. Ou talvez, como o autor mesmo explica em sua apresentação, foi justamente com Ferenczi que foi possível autorizar-se — após sucessivos desmentidos em seu bem-aventurado percurso.

Este livro que vos apresento neste prefácio é um apanhado de textos escritos por Marcos em diferentes momentos de sua trajetória. Em cada texto podemos encontrar temas de inquietações, pessoais e clínicas, acompanhadas tentativas elaborativas importantes. Compartilhar essas elaborações e trazer o leitor para participar dessas questões é um traço forte de Marcos, provocando nossos próprios pontos de inquietação, mas também propondo caminhadas afetivas em diálogo ombro a ombro.

Aqui, as diferenças e as aproximações entre linguagens da ternura e da paixão abrem um campo de possibilidades de entendimentos não só clínicos, mas também sociais. A experiência do encontro com o outro em sua dimensão mais primitiva até suas nuances mais complexas é sempre atravessada por encontros e desencontros comunicativos, não só no nível da verbalização formal, mas também no nível do afeto e da fantasia. Ao que sabemos, ao menos por enquanto, no mínimo quatro linguagens se intercomunicam no encontro bipessoal, como Marcos nos explica: ternura e paixão em cada sujeito estão presentes em nível comunicativo mais ou menos consciente. Adequar a demanda referente à linguagem correspondente e ser compreendido é um caminho nada simples para nós adultos, imaginemos para uma criança ou até um adulto em sofrimento.

O livro nos conduz também para algumas apostas criativas dentro da teoria psicanalítica. Como já perceberemos desde o primeiro capítulo, pensaremos com Marcos a ideia da confluência de línguas, para além do já bastante discutido desencontro, ou confusão de línguas. Outra interessante proposta é a de um complexo de Salém, que Marcos elabora a partir de uma crítica importante ao falocentrismo do complexo de Édipo com a preciosa ajuda de Alice Balint, autora pouco trazida nas discussões psicanalíticas mais comuns. Interessante também, logo em seguida, entendermos a relação analítica pela via da amizade, ou melhor, do melhor amigo, entendendo os limites e potências desse encontro, com casos clínicos e importantes argumentos. Novidades, e até mesmo a ousada articulação entre Ferenczi e Lacan, pouco encontrada na literatura contemporânea.

Conversaremos aqui também sobre a possibilidade de pensar a respiração dentro do *setting* analítico e o ar puro que pode circular na relação transferencial. Encontramos também um posicionamento interessante sobre a questão da cobrança e do dinheiro em psicanálise, contrariando muitas falas insistentes sobre o paciente decidir sobre o valor a ser pago em sua análise. Decidir sobre ser o adulto de confiança que fará função testemunho ou desmentido é questão norteadora nas intervenções do analista, inclusive nos processos de enquadre. Assim como, em algum momento, precisamos decidir como analistas se seremos autores ou meros reprodutores em nosso percurso. Marcos já decidiu.

Perceber a confusão e caminhar rumo a uma confluência é desafiador e difícil, mas instigante e necessário. Não é difícil ao leitor deste livro perceber a maneira afetuosa e complexa com que Marcos escreve, a confluência entre as linguagens pessoal/emotiva e a teórica/profissional, é o fio condutor que nos faz compreender, mas também sentir. O percurso profissional de Marcos é feito de encontros, com Ferenczi, com colegas, com seus pacientes, com sua criatividade, e é contagiante perceber isso ao longo das páginas. Nosso encontro com Marcos é também o testemunho da nossa própria confluência de línguas, a possibilidade de sentir, refletir, pensar e criar.

Ludmilla Tassano Pitrowsky

Psicanalista e psicóloga, doutora em Teoria Psicanalítica (UFRJ) e pós-doutora em Psicologia Clínica (USP). Membro do Grupo Brasileiro de Pesquisas Sándor Ferenczi (GBPSF) e autora de O eu, o isso e o nosso: o espaço-entre na clínica psicanalítica (Appris, 2021).

SUMÁRIO

INTRODUÇÃO..11

A CONFLUÊNCIA DE LÍNGUAS................................17

O TESTEMUNHO COMO UMA CONFLUÊNCIA DE LÍNGUAS............. 27

NOVAS PERSPECTIVAS SOBRE A FRAGMENTAÇÃO...................... 39

O AGRESSOR E O DESMENTIDO... 49

CONTRIBUIÇÕES DA TÉCNICA ATIVA 59

QUAL É A ROUPA DO ÉDIPO NO BRASIL
DO SÉCULO 21?...71

AS BEM-AVENTURANÇAS DE UMA INFÂNCIA SAUDÁVEL 91

A LÓGICA SENSÍVEL DO MANEJO DO TEMPO 101

CONSIDERAÇÕES SOBRE UM TIPO DE SILÊNCIO 109

EFEITOS VIVIFICANTES DO AR PURO 117

POR QUE NÃO FALAMOS DE DINHEIRO? 133

CARTA AOS NOVOS AUTORES...141

POSFÁCIO: O FIM?..149

REFERÊNCIAS..155

INTRODUÇÃO

> *Mas não se equivoque comigo. Nenhum escritor é inocente, eu*
> *também não... Confesso que quero mesmo é fazer sua cabeça [...]. E,*
> *apesar de mim, me queira bem.*
> *(Darcy Ribeiro, em O Brasil como problema).*

Inicio com a inspiradora fala de Darcy Ribeiro ([1995] 2023), para relembrar o caminho contrário à neutralidade do analista, tão caro e tão presente aos leitores de Ferenczi. Em tempos atuais, para além de 'não neutra', poderíamos acrescentar ao interesse da psicanálise a contrariedade às questões supostamente apolíticas.

Alguns poderiam dizer que o desejo do analista, do professor, do escritor, de querer influenciar de alguma forma para ter validadas suas ideias, vai contra a psicanálise como prática emancipadora. Quanto a isto, poderia simplesmente argumentar o impossível de educar, governar e analisar (Freud [1937a] 2006), dado que as aptidões necessárias ao desempenho dessa função são humanamente inatingíveis, e que, em nossos melhores momentos, aproximamo-nos do objetivo tal qual a pedra de Zenão[1].

Por outro lado, em um espírito profundamente ferencziano, sabemos que a vida, o desejo e a intenção do analista são muito importantes para que o processo ocorra. Não para fazer do sujeito que recebe a análise, ou a escrita, um vassalo, mas muito pelo contrário. O processo de construção se faz entre duas pessoas vivas. É extremamente necessária a vivacidade do escritor e do analista para que o leitor ou paciente possa, em uma relação de confiança, escolher e interpretar se e como deve integrar os elementos ofertados a si.

Se, conforme José Bleger (1988) defende, as instituições performam o mal ao qual se propõem a combater, é no encobrimento das próprias

---

[1] Jacques Allain-Miller retoma o raciocínio matemático de Zenão de Eleia para formular a ideia de 'pedra de Zenão', que, conforme o autor, é "aquela que impede qualquer ser que se move de chegar ao seu alvo" (Miller, 1998, p. 23), pois, conforme a estória proposta pelo filósofo, o herói Aquiles e a tartaruga decidiram apostar uma corrida. Sendo Aquiles mais veloz, a tartaruga recebeu uma vantagem, começando a corrida em um determinado trecho adiante do herói. O paradoxo acontece porque, nessa formulação, não importa o quanto Aquiles tenha percorrido, a tartaruga também terá se movimentado, não estando mais no seu ponto de partida. Embora matematicamente esse raciocínio seja falho, filosoficamente ele representa a proximidade a que podemos chegar de um objetivo inatingível, como o bom exercício do governo, da educação e da psicanálise.

aspirações que analistas e escritores acabam, muitas vezes em contrariedade ao próprio desejo, colaborando para a formação de uma nova geração neutra, normopata e, um dos maiores males da atualidade, isenta.

Poderia dizer que desde o término da graduação em psicologia eu realizo a escuta psicanalítica em consultório particular. Isso seria uma meia-verdade que injustamente me daria um mérito que não condiz com as ideias apresentadas neste livro. Um período de cinco meses separa a colação de grau do início de minhas atividades clínicas. Em março de 2018, ingressei no curso de pós-graduação lato sensu em Psicanálise: teoria e técnica da Universidade do Vale do Paraíba, no qual hoje faço parte do corpo docente. Nesse curso, conheci Felipe de Paula, um amigo para a vida.

Entre intervalos de aulas, certa vez Felipe me disse: *"abre uma clínica, mano, você é bom!"*. Todas as vezes que lembramos disso em alguma conversa ele fala como se essas palavras fossem muito pouco, mas não são. Em maio do mesmo ano, comecei a exercer a escuta psicanalítica. Nesse mesmo ano, conheci a psicanálise de Sándor Ferenczi, e, de lá para cá, foram ininterruptos os estudos, novos projetos, novas amizades, e uma satisfação enorme de sentir que encontrei um lugar onde posso ser eu mesmo.

Se pensarmos em uma psicanálise mais ortodoxa, guiada pela neutralidade do analista, pode parecer contraditória esta descrição: "um lugar onde posso ser eu mesmo". Por outro lado, este é o eixo motivador para a escrita de uma clínica inspirada em Sándor Ferenczi.

Recordo-me que, no início deste percurso em psicanálise, eu tinha uma sensação constante de que as pessoas não ensinavam, ou sequer comentavam sobre o que o analista faz em uma sessão de análise além da tal escuta e recortes bem definidos de interpretações e intervenções bem-sucedidas. Tinha a impressão constante de que os psicanalistas queriam esconder o ouro, guardar o segredo de suas atuações apenas para si mesmos. Mesmo em supervisão, via de regra, você abre seus segredos ao supervisor para que este analise sua condução, mas sem uma troca genuína de experiências por parte de quem está no poder.

Hoje, talvez um pouco mais maduro, e tendo conquistado a intimidade de alguns colegas que me falam sobre suas clínicas, percebo, tanto que essa regra tem suas exceções, quanto que há outro motivo muito mais potente para esta inibição em falar abertamente sobre o exercício da psicanálise que esconder o ouro: o medo da retaliação.

Seja na perna psicanalítica da análise pessoal, da supervisão, ou da transmissão por meio de estudos, o analista é visto como detentor do suposto saber. A totemização da figura mais experiente acarreta sua desumanização, uma não tolerância a falhas. Qualquer praticante de psicanálise, dos iniciantes aos mais experientes, sabe, em seu íntimo, que muitas vezes precisamos rebolar com situações difíceis para poder sustentar a clínica psicanalítica, e este histórico inclui tanto improvisos, quanto erros ocasionais. Mas a constante apresentação recortada em vinhetas clínicas de sucessos dos nossos pares, somadas à masturbação teórica que reproduz citações sem uma tradução real de seu significado à prática clínica, constrange qualquer narrativa que se afaste disto ao silêncio.

Poderíamos dizer que a psicanálise, ao longo de sua história, encarregou-se de desmentir, no sentido ferencziano, tudo aquilo que pudesse revelar suas fragilidades.

Por outro lado, já em 1900, oito anos antes de Sándor Ferenczi iniciar seu trabalho em psicanálise, ele publicou um inspirador ensaio chamado "Dois erros de diagnóstico", no qual declara:

> As tradições mais antigas fingem que os erros estão na base do aprendizado mais profícuo. De fato, guardamos zelosamente para nós mesmos as lições que tiramos de nossas experiências com o objetivo de parecermos sábios e infalíveis aos olhos de nossos pares. Isso se aplica à vida social, mas é igualmente verdade para a prática médica. A maioria dos "estudos de caso" publicados em revistas especializadas são prestações de contas cujos diagnósticos são estabelecidos com um grande rigor e precisão, sempre preparados na hora certa e acompanhados de observações minuciosas. É muito raro falarmos dos erros que cometemos na nossa prática cotidiana e, quando é o caso, preparamo-nos para acumular desculpas defensivas, quando é evidente que, no preciso momento em que tudo foi estabelecido, outro diagnóstico era simplesmente impensável (Ferenczi, [1900] 2022, p. 39).

Por temor ao erro, e de um possível ridículo que o acompanha, a ousadia é comprometida, e seguimos, cada um, solitários em suas clínicas observando os sucessos declarados uns dos outros, encobrindo quaisquer métodos alheios à cartilha psicanalítica a qual fomos submetidos, tal qual uma foto com o melhor ângulo para ser postada no Instagram.

Pergunto-me o porquê das barreiras colocadas a uma psicanálise verdadeiramente implicada e humanizada. Desde o século XVIII, com Phillipe Pinel, sabemos que o tratamento humanizado auxilia na melhora dos quadros psicológicos. Também não é segredo que um tratamento humanizado se faz de humano para humano, horizontalmente, não de humano para mestre.

Infelizmente a "terapia moral" de Pinel não se sustentou por razões econômicas. Custava caro manter uma equipe médica capaz de tratar os pacientes de forma humanizada, e era bem mais barato manter a política manicomial (cf. Barlow; Durand, 2015). Estariam os psicanalistas abrindo mão da humanização do tratamento por economia da própria pulsão? Sem dúvidas é mais econômico não se implicar com a dor do outro.

A clínica de Ferenczi, por outro lado, é marcada pela experimentação, pelo rompimento com a neutralidade e assepsia do analista. Quando Felipe me deu sua aprovação para me lançar à clínica, ganhei forças, pois me sentia extremamente inadequado. Eu, um jovem de cabelos compridos e cheio de tatuagens, poderia mesmo ocupar este lugar tão majestoso do analista?

Do mesmo modo, conhecer Ferenczi me salvou de outro sentimento de inadequação. Eu transitava dentre pares conservadores da "boa e velha" psicanálise, quando, secretamente, importava-me profundamente com meus pacientes, exercia a empatia, por vezes fazia coisas que eram consideradas excessos, como atender uma ligação de uma pessoa em surto aos domingos, ou acompanhar um paciente adicto até a porta de sua casa ao final da sessão, para fortalecê-lo frente ao seu medo de parar em um bar. Foi libertador descobrir que havia na história da psicanálise alguém que se permitia tais ações, senti-me finalmente "autorizado" quanto ao que fazia. Devo salientar também, sobre essa autorização, a importância do posfácio "O Fim?", escrito por Luís, com quem tenho uma história de percurso clínico, dado que ninguém poderia melhor endossar as ideias que embasam a clínica de um analista do que alguém em sua posição.

De lá para cá alguns anos se passaram. Os escritos que compõem esta obra retratam recortes de um movimento de exercício clínico das teorias inspiradas em Ferenczi. Após compilados, a ordem e a linguagem foram planejadas para que a fluidez possa ser sentida tanto na leitura ordenada quanto em ordem de interesse, de acordo com os títulos. Assim, nos textos que se seguem, originais em livro, vocês encontrarão uma tentativa de descrever esta prática clínica que se inspira sobretudo em um *animus sanandis* (Avello, 2013), um desejo genuíno de curar. Mas, sobretudo, encontrarão um esboço de teoria psicanalítica voltado aos inadequados, aos insatisfeitos que desejem realmente se implicar ativamente em suas psicanálises.

A CONFLUÊNCIA DE LÍNGUAS[2]

Não poderia deixar de iniciar esta apresentação falando da honra que é estar aqui. No ano de 2018, como psicólogo recém-formado, conheci por meio de cursos, disciplinas de pós-graduação e grupos de estudos, a obra de Ferenczi. Nesse mesmo ano, acompanhei, com olhar atento, a movimentação dos mais proeminentes pesquisadores e comentaristas do psicanalista húngaro aqui do Brasil para se unirem como grupo, com o objetivo de representarem nosso país na 13ª International Sándor Ferenczi Network, em Florença. Desta união nasceu o Grupo Brasileiro de Pesquisas Sándor Ferenczi, que se encarregou de sediar nosso atual evento, e do qual hoje posso dizer que sou integrante, ao lado dos mesmos nomes ilustres os quais tive o privilégio de ter como professores.

Quanto ao trabalho que apresento a vocês, devo dizer que ele é o reflexo de minha prática clínica nos últimos anos, somada ao estudo contínuo da obra de Ferenczi. Este percurso já resultou em outros textos sobre a mesma temática, entretanto, conforme nossa clínica avança no perfazer do analista por meio de seu tripé, trago hoje o que é a versão mais atual possível da "confluência de línguas".

Recordo-me que no primeiro percurso de estudos ferenczianos que participei, a cada novo texto que eu lia, ficava maravilhado. Recordo-me também que, até então, em minha clínica que era apoiada em Lacan, por vezes eu realizava intervenções que eram lidas como erradas, ou não analíticas, representando um excesso de cuidado com os pacientes, ou mesmo uma implicação que não condizia com a neutralidade do analista. E assim como muitos de vocês, senti um grande alívio ao encontrar em Ferenczi uma descrição muito aproximada do que eu fazia. Havia um lugar para a forma que eu desejava direcionar a clínica.

Entretanto uma grande tristeza que senti foi, ao ler *Confusão de língua* (Ferenczi, [1933b] 2011), perceber que havia muito mais a ser dito sobre o tema. A morte de Ferenczi, há décadas de distância do meu nascimento, doeu-me, porque eu gostaria de saber mais acerca daquele assunto. Quando examinamos atentamente o texto publicado nas obras completas

---

[2] Trabalho apresentado na 14º Conferência Internacional Sándor Ferenczi, na Universidade Presbiteriana Mackenzie, em São Paulo, no ano de 2024.

da editora Martins Fontes, embora o subtítulo descrito seja "A linguagem da ternura e da paixão", sobre essas línguas não se fala de forma direta.

Ferenczi, em seu desenvolvimento último da teoria dos traumas, do desmentido e do 'sentir com', fala-nos de uma 'fase da ternura' e uma 'fase da paixão', com suas peculiaridades, expressões próprias e a possibilidade de um trauma como resultado entre a confusão das línguas faladas por pessoas influenciadas por essas duas fases, a criança e o adulto. A partir disso, passei a me indagar quais outros ganhos a compreensão dessas línguas poderiam trazer para o campo da psicanálise, afinal, se as línguas são expressões de fases constitutivas, da ternura e da paixão, elas não estariam presentes em outros contextos?

Mas o que são enfim essas línguas que se encontram? O que dizem? O que querem? A conceituação original determina que são línguas voltadas à busca por uma transformação, sendo a língua da ternura de natureza "autoplástica" e a língua da paixão de natureza "aloplástica". Transformação plástica é um termo extraído da mecânica, e diz respeito à deformação que um material sofre após o empreendimento de alguma tensão, como uma folha de papel, que após amassada muda sua forma, ou o vidro quando se quebra. Assim temos em ambas as línguas um sentido comum: a transformação.

Através dos prefixos esclarecem-se os alvos das transformações pretendidas: a língua da ternura visa à transformação do próprio sujeito, enquanto a língua da paixão pretende transformar algo da realidade externa a ele. Acrescentada a isso, não esqueçamos a função da qual se tratam as línguas, sistemas simbólicos de comunicação. A língua fala, e se fala, fala a alguém, conforme o desenvolvimento ferencziano de uma metapsicologia que dá lugar de destaque às relações.

Chamo de "confluência de línguas" a articulação harmônica da comunicação segundo a leitura a partir das línguas propostas por Ferenczi. Entretanto é primordial que seja exposta a conceituação dessas línguas, as quais tanto mencionamos.

A língua da ternura é proposta como uma língua autoplástica, voltada às transformações internas. É a língua que podemos articular com o conceito de autoerotismo, dada a natureza das transformações. Poderia ser um evocador de confusões pensarmos em uma língua como instrumento de autorregulação, visto que a língua fala a alguém. Claro que essa questão poderia ser igualmente sanada com certa facilidade se adentrássemos o campo lacaniano a partir do inconsciente estruturado como linguagem. Mas nenhum dos dois será o caminho aqui adotado.

Ferenczi deu-nos pistas valiosas ao longo de seus anos como psicanalista. Sabemos que a língua da ternura é uma expressão da autorregulação. Sabemos também que ela é enunciada ao outro, visto que o trauma é uma confusão de língua entre a criança e os adultos. Mas de que forma ela se manifesta?

Pensando especificamente no trauma, tais manifestações podem ocorrer de formas variadas, desde o pedido explícito de ajuda em idioma nativo, o choro, o retraimento corpóreo, até mesmo a alucinação. Nisto, convido os colegas a pensarem esse pedido de socorro, independentemente de sua forma, não como um desdobramento de um raciocínio crítico da criança acerca de um evento inadequado, mas como a defesa contra uma invasão externa ao primado de seu reinado interno. Está ameaçada a "onipotência infantil".

Em "O desenvolvimento do sentido de realidade e seus estágios" ([1913b] 2011), Ferenczi descreve a onipotência infantil como a "a impressão de ter tudo o que se quer e de não ter mais nada a desejar" (p. 48). E a língua da ternura cumpre facilmente o papel da saciedade do desejo a partir da autoplastia. Nisto, a compreensão das formas da língua da ternura pode ser lida vinculada à organização dos estágios de onipotência que precedem a formação do princípio de realidade, e são eles quatro: 1) Onipotência absoluta, que ocorre no período intrauterino. Qualquer falta é inexistente, visto que todas as necessidades do feto são saciadas via cordão umbilical e pela proteção do líquido amniótico. 2) Período da onipotência alucinatória mágica. Nesse período, o bebê já sente corporalmente as faltas, entretanto, a partir de um ambiente suficientemente bom que adivinhe suas demandas, ele permite-se alucinar a saciedade, e assim, manter-se onipotente. 3) Período da onipotência com a ajuda de gestos mágicos. Nesse período, a criança gesticula, indicando ao seu meio para que providencie o necessário às suas aspirações, e assim, manter-se onipotente. 4) Período dos pensamentos e palavras mágicas. Finalmente a criança comunica-se em idioma nativo, mas ainda sentindo que é a força de suas palavras que age sobre seu meio, e não quaisquer forças externas.

Assim, observamos que a língua da ternura pode manifestar-se em quatro caminhos diferentes: inação; alucinação; gesticulação (aqui podemos observar várias formas de alteração de comportamento); e linguagem verbal. Quando a criança clama ao outro pela língua da ternura, não pretende meramente se comunicar. Ela clama pela intervenção que restaurará sua onipotência perdida pela experiência traumática, que lhe impôs uma força externa maior do que a sua própria. E essa especificidade da língua da ternura, embora fique evidente no contexto de trauma, pode ser utilizada como objeto de observação clínica em diversos contextos.

Antes que passemos à língua da paixão, gostaria de relembrá-los da frase de impacto tão conhecida pelos leitores de Ferenczi: "Raspem o adulto e sobrará a criança" ([1909] 2011, p. 111), afinal, a partir do lugar de destaque que a regressão assume em nossa clínica, a possibilidade de retorno à língua da ternura, bem como a coexistência entre ambas é algo primordial.

Quanto à língua da paixão, sua natureza aloplástica determina o funcionamento do psiquismo que reconhece o poder e as limitações do mundo exterior. A aloplastia é a saída para contrabalancear as moções internas, não mais onipotentes, às limitações que a realidade material e os outros imputam ao prazer das descargas pulsionais.

A interação entre a criança que fala pela língua da ternura e o adulto que fala pela língua da paixão, acontece no contexto de trauma pela via do desmentido, a negação perversa de que nada aconteceu. Mas por que o adulto precisaria desmentir a experiência traumática da criança? Bem, como vimos anteriormente, a língua da ternura clama pelo reestabelecimento da onipotência perdida. Consideremos também que as línguas coexistem. A língua da ternura surge ligada à onipotência infantil, e a língua da paixão, por sua natureza aloplástica, começa a se desenvolver com o princípio de realidade, após o atravessamento da fase da onipotência por pensamentos e palavras mágicos.

Entretanto o advento da língua da paixão não apaga a língua da ternura, embora grande parte de sua expressão seja limitada pelo recalque. E como bem sabemos, tudo aquilo que toca o recalque é mal-recebido pelo Ego. Dotados de aloplastia, os adultos intervêm em seu ambiente para afastar de si esse incômodo que provoca alvoroço no conteúdo psíquico que deveria permanecer afastado da consciência.

Desse modo, o desmentido é o recurso aloplástico de silenciamento, para que o sujeito não sofra provocado pelo outro. Podemos observar isto mais atentamente ao pensar rapidamente na tendência natural de apagar ou consolar a dor; o que pode ser notado pelo impulso de virar o rosto e fechar os olhos ao ver um corpo mutilado, pelo "não chora" que sai automaticamente ao ver alguém importante aos prantos, ou do "já passou" que é dito a uma criança que ralou o joelho.

Ocorre que o desmentido não é o único recurso da língua da paixão. Após a formação do sentido de realidade, embora o princípio de prazer esteja a ele sujeito, este último não deixa de existir. Sobre o princípio de prazer, postulado por Freud ([1911] 2006), os colegas bem sabem que ele determina o prazer como descarga pulsional, e que isto se dá pelo máximo de realizações possíveis, bem como do afastamento de experiências desprazerosas.

Pois bem, se não é o desmentido, nada mais que um recurso de afastamento do desprazer, a língua da paixão é a expressão que se esgueira no eixo entre os extremos do prazer e desprazer, da atração e da repulsão. No próprio contexto de trauma, embora seja o desmentido repulsivo do adulto que coloca a cereja no bolo, tudo começa com uma investida apaixonada do agressor.

Assim, o uso do termo paixão para designar esse conjunto nunca nos pareceu tão apropriado. Que mais faz o apaixonado do que investir, atrair, puxar para si, o objeto de paixão, e afastar quaisquer elementos que ameacem seu prazer? A paixão divide os objetos internos, meus e do outro, causando o desejo, e, consequentemente, o sintoma. É na paixão que a alucinação onipotente falha e surge a falta. É no investimento apaixonado a um ser que ainda não está formado que se surge o trauma.

Colocadas nesses termos, acredito que compreender a confusão de língua entre a ternura e a paixão é a tarefa mais simples. Se uma faz a manutenção da própria onipotência e a outra trabalha na manutenção do prazer por meio de atração e repulsão dos elementos externos, é compreensível a dificuldade de interação entre elas. Desse modo, o verdadeiro desafio é pensar a confluência. Se a onipotência do prazer da ternura, bem como sua dor, não é tolerada pela paixão, que caminhos podem ser pensados em direção a tão almejada harmonia?

Sobre a confusão de língua entre o adulto e a criança, nota-se que o elemento da disparidade é entre as línguas praticadas. Ferenczi fala que o acolhimento no momento posterior à agressão pode salvar a criança da instauração de um trauma ([1931] 2011). Mas o que é esse acolhimento, esse sentir com ([1928c] 2011), ou empatia, como alguns de nós traduzem? Como se pratica o acolhimento vivo, presente, que não desmente a experiência de dor da criança?

Se a experiência potencialmente traumática causa horror, o acolhimento que não a desmente, mas a legitima, implica em permitir-se ser afetado por esse horror, em sentir com quem sofre. Ao contrário do outro que desmente, a pessoa que acolhe de forma empática é aquela que permite ser tocada pela dor da ternura alheia para que emerjam os sentimentos, ou, em outras palavras, permite que sua própria ternura apareça a partir do encontro.

Por outro lado, não podemos estabelecer que o encontro com um outro que também fale a língua da ternura seja o suficiente, visto que uma criança não pode intervir no meio externo para restabelecer a onipotência perdida de outra. Apenas a aloplastia é capaz de praticar as intervenções necessárias para que a realidade interna do outro se recupere de um trauma.

A partir do contexto traumático, surge o primeiro elemento em direção à confluência de línguas: é necessário à presença viva e curativa do analista escutar com a ternura, em oposição ao desmentido, e agir com a paixão, orientado pela experiência a ele compartilhada pelo sentir com. Em um contexto de análise é perceptível que a escuta que valida a experiência de quem sofre é vivida como afetação conjunta do analista, e que após esse acolhimento, as intervenções mobilizam-se por aloplastia, já que o testemunho só pode ser validado por um outro que não esteja preso na própria onipotência, mas que se importe apaixonadamente com o sofredor.

Trago esta compreensão acerca da nossa conhecida clínica dos traumas para justificar uma proposição acerca da confluência de línguas: se a língua da ternura e da paixão coexistem em um mesmo sujeito, de partida é necessário pensar em uma confluência interna de línguas, somada à confluência de línguas dos dois sujeitos da relação. Desse modo, em uma comunicação entre dois adultos, quatro línguas operam simultaneamente, ou seja, a ternura e a paixão de ambas as partes.

Se pensarmos em termos de relação, de transformar e ser transformado, aqui se abrem os olhares para que essa noção seja ampliada. Ao falarmos, a paixão endereça-se ao meio externo e o transforma, a concomitante ternura também nos transforma. Aquele velho ditado que diz que os ouvidos mais próximos à nossa boca são os nossos nunca fez tanto sentido. Sabemos, por experiência da clínica psicanalítica, que o verbalizar para si mesmo pode ser extremamente poderoso. Assim, se o outro nos fala, ele transforma-nos e transforma-se. A partir da coexistência das línguas da ternura e da paixão, o encontro assume uma dimensão quádrupla de transformação.

Até aqui, o que posso apresentar-lhes sobre a confluência de línguas, considerando-se o contexto exposto do funcionamento da língua da ternura e da língua da paixão, bem como a simultaneidade de seu funcionamento, são duas compreensões: a empatia e a convicção[3].

A empatia, conforme podem confirmar, já é uma velha conhecida. Ferenczi apresenta-nos a possibilidade de uma escuta viva, empática, como a ferramenta capaz de solucionar o problema da clínica dos traumas. Minha contribuição a isto é acerca do que podemos compreender como uma confluência de línguas entre pares. À escuta atenta, conforme destacamos, cabe a escuta terna articulada à ação aloplástica. Sentimos junto, tanto para validar a experiência apresentada pelo outro, quanto para nos orientarmos acerca dos caminhos possíveis. Proponho isto como sendo uma leitura do conceito, por vezes vago e intuitivo, de empatia.

Quanto à situação da coexistência das línguas em um mesmo sujeito, necessárias tanto ao exercício da empatia e ao próprio equilíbrio do sujeito, proponho uma leitura da confluência das línguas a partir da ideia de convicção, que consiste em identificar o que se sente para que as ações aloplásticas sejam coerentes com a realidade interna. Ferenczi inspira a leitura desse conceito quando nos declara que "A compreensão assim adquirida proporciona uma espécie de satisfação que é, ao mesmo tempo, afetiva e intelectual, e merece ser chamada de convicção" ([1934] 2011, p. 133).

A importância da convicção também é de clara visualização quando refletimos sobre nossas clínicas, visto que grande parte dos sofrimentos psíquicos pertence à classe da confusão entre as línguas existentes no próprio sujeito. Nossa compreensão de sintoma como uma formação de compromisso entre o Id, com seu desejo pulsante, e o Ego, como o mediador com a realidade, dependendo da complexidade, implica em duas partes do psiquismo não apenas falando línguas diferentes, mas gritando sem se entenderem.

---

[3] Na primeira edição de meu livro *A língua da ternura e a língua da paixão: psicanálise e comunicação de afetos*, esse mesmo conceito aparece nomeado como "intenção". Após novos estudos e pesquisas, pareceu-me mais adequado renomeá-lo como "convicção", em especial pela passagem de "Reflexões sobre o trauma" no parágrafo seguinte.

É claro que eu não poderia fechar esta apresentação antes de falar sobre a própria situação das línguas no seio familiar de Ferenczi. Como uma família judia da época, assumiram o idioma da terra onde se estabeleceram, o húngaro/magyar, entretanto, preservaram o iídiche para a comunicação dentro de seu lar. Acredito que esse cenário, que provavelmente inspirou Sándor na construção de sua teoria das línguas, também pode nos ser didático. Estamos em um evento que acolhe três idiomas oficiais[4]. Bem sabemos que uma comunicação é bem mais efetiva quando conhecemos bem ambos os idiomas utilizados na comunicação.

Assim, aprender a falar e ouvir nossas próprias línguas, em especial a da ternura que é tão maltratada pelo recalque, é indispensável à confluência de línguas, conosco mesmos e com o outro; à nossa prática clínica; à docência e à transmissão da psicanálise; à vida política; enfim, à nossa construção como seres humanos e à compreensão, à aceitação e à defesa do direito das pluralidades da existência.

Pós-Escrito

Não pude deixar de ceder à vaidade de, após a apresentação do meu texto para a conferência, incluir este pós-escrito, inspirado pelo debate com os participantes, reproduzindo o mesmo movimento que Ferenczi fez na publicação de "Confusão de Língua", um ano depois após proferi-lo no 12º Congresso de Psicanálise de Wiesbaden.

Dentre as muitas provocações e perguntas inspiradoras sobre as aplicações do sistema de confluência de línguas, deter-me-ei em duas falas de especial impacto.

A primeira, do ilustríssimo colega Alexandre Patrício de Almeida, foi uma indagação sobre a questão da confusão de língua na transmissão da psicanálise. Sobre esse tema, de tamanha importância e também delicadeza, atenho-me às variações de confusões de língua entre a criança e o adulto (Ferenczi, [1933b] 2011); entre o médico e o paciente (Balint, [1964] 2003); e entre o professor e o aluno (Oliveira; Veloso, 2023).

Como se pode perceber, a confusão de língua sempre se instaura da figura de poder para o sujeito cuidado. Em psicanálise, por meio do tripé, o agressor da paixão pode igualmente assumir três formas: o analista, o supervisor e o professor. O fato é que, embora no meio psicanalítico se

---

[4] Na conferência os idiomas oficiais eram o Português, Inglês e Espanhol.

fale e trabalhe tanto essas questões, não estamos imunes a ter uma casa de ferreiro com espeto de pau. Mesmo que desconsiderássemos os privilégios que fazem com que as pessoas iniciem seus caminhos em pontos diferentes, o lugar de analista passa obrigatoriamente pelo paciente, supervisionando e aluno. E assim como a língua da paixão desmente a ternura do outro em um impulso de afastar aquilo que toca o que deveria estar recalcado, as figuras de poder dentro do movimento psicanalítico também são passíveis dessa prática.

Acrescento ainda que se este desmentido potencialmente patogênico, representante da hipocrisia profissional, somado às possíveis agressões, na confusão de língua, são precipitados por um abalo no recalque, a melhor saída possível é, no resgate de Alice Balint, aluna de Ferenczi, apelar à elasticidade do recalque ([1931] 2022). Pouco adianta falarmos na necessidade da análise pessoal como parte da formação do analista sem considerar-se uma análise realmente efetiva, não apenas acerca dos sintomas, mas também do caráter (Ferenczi, [1928b] 2011), em um sentido de minimizar a reprodução de agressões e desmentidos ao ascender-se a uma posição de poder.

O segundo comentário é sobre um pedido de Maria Manuela Moreno, que tão gentilmente mediou a mesa que eu compus. Ela pediu-me que falasse mais sobre o mecanismo da convicção. Conforme dito ao longo do texto principal, convicção é um termo extraído de "Reflexões sobre o trauma", publicado postumamente em 1934. A convicção fala da concordância entre o que a ternura sente e a paixão faz. Permitindo-me resgatar uma fala de Alexandre, sobre a falta dessa convicção poderia se dizer que:

> Nesse sentido, pagamos um preço elevado por tal cegueira introspectiva, pois, ao se afastar de si, o sujeito pós-moderno não entra em contato com o "íntimo" que estabelece a formação da identidade. Essa ausência de contato com nós mesmos produz uma compreensão social limitada e preconceituosa – atitude que se manifesta e ganha forma por meio dos discursos de ódio e intolerância que se tornam corriqueiros no contexto brasileiro (Almeida, 2023, p. 122).

Entretanto uma nova ideia me surgiu ao tentar sistematizar uma resposta. Bem sabemos que em uma clínica das psicoses o manejo analítico não consiste em tentar normatizar o paciente, apagando-se suas vozes adicionais como faz o discurso produtivista da sociedade. Pelo contrário, chamamos todas as vozes para conversar. Nesse sentido, o manejo psicanalítico com o sujeito esquizofrênico torna-se uma referência para pensar-se a convicção. Se as vozes da ternura e da paixão, concomitantemente, falam, e falam em grande parte do tempo sobre direções diferentes, a convicção é o resultado da assembleia realizada para que se faça uma mediação, um acordo, entre ambas. Para isto, a escuta de si e a elasticidade do recalque são fundamentais.

O TESTEMUNHO COMO UMA CONFLUÊNCIA DE LÍNGUAS[5]

Testemunho: Ação de certas faculdades
que nos conduzem ao conhecimento da verdade.
(Dicionário Michaelis da Língua Portuguesa)

Tanto entre admiradores quanto entre contestadores, um conceito amplamente discutido em Ferenczi é o trauma como confusão de língua, seja por evidências do desenvolvimento da ideia em toda sua obra, ou por seu texto "Confusão de línguas entre a criança e os adultos" (Ferenczi, [1933b] 2011) ser o último publicado em vida e motivo de desentendimento profundo com Freud.

Outro ponto importante para recorrermos a Ferenczi quando se discute a traumatogênese é a efetividade de sua teoria e técnica na análise da problemática em comparação com as produções de seu tempo, das quais destacam-se o trauma como sedução infantil (Freud, [1896] 2006), o trauma como repetição da cena primária (Freud, [1920a] 2006) e o trauma do nascimento (Rank, [1924] 2015).

Tratando-se do desenvolvimento teórico acerca das "línguas", nota-se que o interesse de Sándor Ferenczi pelas formas de expressão é presente ao longo de toda a sua obra. Em seus textos pré-psicanalíticos (Ferenczi, 1994, 2022), que descrevem o percurso do princípio de sua carreira médica (1899-1906), já demonstrava interesse por temas como hipnose e telepatia; após seu ingresso na psicanálise é possível observar a continuidade de seus estudos sobre a língua por toda a extensão de sua bibliografia.

A língua da ternura e a língua da paixão

Iniciando a análise atenta da questão da língua, já em seus primeiros anos de escrita psicanalítica é possível encontrar no texto "Palavras obscenas" a ideia de que as palavras podem incitar um movimento regressivo, ou seja, podem causar no sujeito (seja quem fala ou quem escuta) a

---

[5] Escrito com a coautoria de Soraya Souza, psicanalista, pós-doutora em Educação pela Universidade Estadual de Campinas (Unicamp, 2023) e coordenadora do curso de pós-graduação lato sensu em Psicanálise, Teoria e Técnica da Universidade do Vale do Paraíba (Univap).

experimentação de sensações de natureza infantil, onde o entendimento simbólico é mais precário e as sensações são mais vívidas. Leia-se:

> Além da duração relativamente importante do tempo requerido para a aprendizagem da fala, parece que os signos verbais que substituem as representações, ou seja, as palavras conservam por largo tempo sua tendência para a regressão. Essa tendência atenua-se, sem dúvida, progressivamente ou por etapas, até atingir a capacidade de representação e pensamento "abstratos", praticamente livres de elementos alucinatórios (Ferenczi, [1911] 2011, p. 129).

O autor trabalha ainda com a ideia de que certos elementos do vocabulário, no caso, as palavras obscenas, conservam a capacidade regressiva mesmo com o amadurecimento do sistema simbólico e representativo do sujeito. A regressão expressa uma mudança de direção na forma de satisfação, ou seja, nos caminhos da pulsão.

As pulsões são forças motrizes que levam o sujeito a movimentar-se em destino à descarga (Freud, [1915] 2006). Já a linguagem é um sistema de representação ao qual, com Ferenczi, pode-se pensar que a pulsão o atravessa. No trânsito da pulsão em direção à sua meta, a regressão muitas vezes destina a pulsão à descarga autoerótica, ou seja, o investimento no próprio sujeito em suas dimensões psíquica e somática. Por exemplo, em comentário às experiências de Carl G. Jung com palavras indutoras, Ferenczi ([1909] 2011) sugere que tais palavras são investidas pulsionalmente pelo paciente, visto que "os afetos ávidos de descarga vão ao encontro da palavra" (p. 98).

Avançando até o último ano de vida do psicanalista húngaro, encontra-se uma formulação mais desenvolvida sobre o assunto, considerada por muitos estudiosos de sua produção como uma das suas obras-primas, o texto nomeado como "Confusão de língua entre os adultos e a criança" (Ferenczi, [1933b] 2011).

Conforme explicitado no capítulo anterior, em Confusão de língua, Ferenczi expressa haver dois tipos de línguas: a ternura, associada às crianças; e a paixão, associada aos adultos. Ao conceituar cada uma delas, o autor faz uso dos termos "autoplástica" para a forma de ação da ternura e "aloplástica" para a paixão, em alusão ao conceito de plasticidade da mecânica, que é a capacidade de mudança de forma física de um material. A ideia de que uma linguagem provoca transformações internas é facilmente compreendida quando o leitor recorre à compreensão das pulsões autoeróticas, enquanto a segunda língua evoca uma relação com objetos externos.

Já no ensaio "Talassa"[6] (Ferenczi, [1924b] 2011), o autor fazia o uso dos termos aloplástica e autoplástica, embora sem os conceitos de línguas, para fazer uma distinção entre tipos de pulsões. Aqui Ferenczi fala sobre quatro tipos de pulsões que, embora sejam derivações de *eros* e *thanatos* (Freud, [1920a] 2006), são didáticas para a compreensão das línguas da ternura e paixão. A origem dos termos, na proposta que surge da bioanálise como processo da vida em geral, passa à condição de formas específicas de organização pulsional do sujeito no encontro traumático em Confusão de língua. De funções comuns à vida (Talassa) para o apelo à vida (Confusão de língua).

Por Talassa, parte-se de uma pulsão de retorno ao seio materno, uma pulsão de união, completude e, em nome dela, o sujeito desenvolve primeiramente a pulsão oral, que é aloplástica, destinada a buscar a tal completude devorando o seio materno, atuando sobre o objeto externo. Após a primeira barragem, o desmame, o sujeito passa a buscar a completude através da pulsão anal, autoplástica, por meio da contenção de seu produto, pulsão que é barrada pela educação higiênica. Por fim, a última pulsão relatada por Ferenczi nesse ensaio é a pulsão uretal, aloplástica, ligada propriamente aos órgãos genitais e sua atuação sobre o mundo, embora ainda não se fale em organização genital. Ferenczi aponta que, na verdade, o falo é reconhecido como substituto dos dentes, como uma segunda tentativa da busca pelo retorno ao seio materno de forma aloplástica.

É válido lembrar que os ensaios sobre sexualidade da primeira geração de psicanalistas apontam para uma organização genital desenvolvimentista, que não condiz com a visão de sujeito fragmentado pelas diversas possibilidades entre o encontro de línguas que ocorrem desde sua concepção, encontrada na própria teoria ferencziana (cf. Soreanu, 2018). Porém, sendo as línguas da paixão e da ternura formas de expressão atravessadas pela pulsão, a leitura da confusão de línguas, na tradição ferencziana, é indissociável de *Talassa*.

---

[6] Talassa foi, no mito grego, uma das primeiras personificações femininas do mar Mediterrâneo e, por extensão, de todo o oceano. A adoção de Ferenczi pelo nome como título de seu ensaio sobre sexualidade se deve ao apoio na teoria lamarckista e sua ideia de retorno à água/líquido amniótico. Nota-se também uma similaridade com o sentimento oceânico (Freud, [1927] 2006).

Talassa traz consigo uma outra confusão quando apresenta a visão de que ambas as qualidades de transformações plásticas são presentes através das pulsões em um período infantil, enquanto Ferenczi, a posteriori, estabelece que a língua das crianças é apenas a terna, em contraposição ao adulto que estaria em posse da língua da paixão. Sobre esse ponto de divergência, adverte-se ao leitor que, embora haja o uso dos termos de transformação plástica em ambos os textos, bem como sua aproximação em raciocínio teórico, o ensaio sobre a sexualidade trata de uma leitura da vida em geral, conquanto o texto de 1933 demonstra tais transformações como resultados dos mecanismos da vida subjetiva.

O segundo ponto importante à compreensão, justamente pautada na ideia de que as pulsões diversas atravessam ambas as linguagens, é da prevalência de transformações plásticas determinadas por uma maturidade psíquica. Embora uma criança possa, dependendo de seu estádio de desenvolvimento, estar em exercício de uma pulsão aloplástica, sua capacidade é limitada para tal, restando-lhe a autoplastia, enquanto para o adulto, embora possa voltar-se a si, há uma maior exigência de investimento pulsional em objetos externos. Desse modo, as línguas da ternura e da paixão caracterizam uma prevalência de recursos de transformação condizentes com as formas de relações do sujeito, embora atravessadas por diversas qualidades de pulsões.

As línguas da ternura e da paixão são formas de expressão pulsionais que coexistem na composição psíquica dos sujeitos, classificadas por Ferenczi como comum à criança (ternura), ou comum ao adulto (paixão), embora não se deva esquecer da máxima: *"Grattez l'adulte et vous y trouverez l'enfant"*[7] (Ferenczi, [1909] 2011, p. 111).

O trauma como confusão de línguas

Avançando à interação entre as línguas no sujeito e em suas relações, e refletindo sobre o encontro entre dois sujeitos, percebe-se a que o investimento pulsional permeia qualquer relação humana. Quando essa pulsão, dirigida de forma aloplástica, é adequada à capacidade autoplástica do par de organizar esse investimento, tem-se um encontro pulsional.

Mas se, pelo contrário, a ternura for incapaz de lidar com a voracidade da paixão do outro, resulta-se em uma reação pulsional, ou, nas

---

[7] "Raspem o adulto e por baixo dele encontrarão a criança".

palavras de Ferenczi ([1930] 2011, p. 74), "[...] a primeira reação a um choque é sempre uma psicose passageira", sendo o choque, precisamente, um encontro entre essas duas línguas que revela a incapacidade imediata de concordância entre os sujeitos. Segundo Dupont (1990, p. 22), "[...] o agredido, cujas defesas são vencidas, abandona-se de certo modo ao seu destino inelutável e retira-se para fora de si mesmo, a fim de observar o evento traumático de uma grande distância".

A respeito dessa situação, Ferenczi ([1931] 2011, p. 90) conceitua:

> Isso nos permite entrever o que constitui o mecanismo da traumatogênese: em primeiro lugar, a paralisia completa de toda a espontaneidade, logo de todo o trabalho de pensamento, inclusive estados semelhantes aos estados de choque, ou mesmo de coma, no domínio físico, e, depois, a instauração de uma situação nova - deslocada - de equilíbrio: Se conseguimos estabelecer o contato, mesmo nesses estágios, ficamos sabendo que a criança, que se sente abandonada, perde por assim dizer todo o prazer de viver ou, como se deveria dizer com Freud, volta a agressão contra sua própria pessoa.

Em seguida, o autor direciona a compreensão de traumatogênese com um olhar multitemporal, assim como Freud, que o fez com o trauma pela via da repetição (Freud, [1920a] 2006), mas com uma diferença crucial: Ferenczi apresenta o trauma não mais como acontecimento exclusivamente intrapsíquico, mas como resultante relacional. O sujeito participa de uma interação pulsional à qual a incoerência entre a pulsão da língua da paixão do outro e capacidade de adaptação da língua da ternura da vítima resulta no referido estado de choque, o qual terá sua temporalidade direcionada pelos recursos de vazão para escoar o excesso de pulsão recebida pela via da paixão do agressor. Em outras palavras, após o atravessamento da paralisação psíquica, o sujeito tentará, à sua maneira, simbolizar a experiência de excesso, o que, segundo Ferenczi, dá-se por via da transferência.

O autor demonstrou (Ferenczi, [1933b] 2011) que a eleição mais comum do endereço de fala pela criança, sua forma possível de pedir por socorro e acolhimento, é dos pais ou adultos mais próximos. A situação transferencial exposta por Ferenczi, desse modo, é fundamental para o que se segue: esse sujeito buscará dar testemunho de sua experiência como modo de buscar auxílio para realizar o escoamento pulsional, independentemente do canal de comunicação a ser adotado, em vista dos quatro apontados no capítulo anterior, e para tanto, precisará da presença viva de alguém que o acolha, de um endereço da fala. Como consequência da falha nesse acolhimento, Ferenczi ([1931] 2011, p. 91) descreve:

> O pior é realmente a negação, a afirmação de que não aconteceu nada, de que não houve sofrimento ou até mesmo ser espancado e repreendido quando se manifesta a paralisia traumática do pensamento ou dos movimentos; é isso, sobretudo, o que torna o traumatismo patogênico.

E completa:

> Contra uma impressão que não é percebida não há defesa disponível. Essa paralisia total tem por consequência: 1.º) que o curso da paralisia sensorial será, e ficará, duradouramente interrompido; 2.º) que durante a mesma aceitar-se-á sem resistência toda impressão mecânica e psíquica; 3.º) que nenhum traço mnêmico subsistirá dessas impressões, mesmo no inconsciente, de sorte que as origens da comoção são inacessíveis pela memória (Ferenczi, [1934] 2011, p. 129-130).

Assim, o trauma é instaurado após o evento inicial, através do desmentido praticado pelo endereço de fala que foi eleito pela criança, aquele a quem fora buscada a escuta e a presença viva. Por resultado das duas interações, ocorridas em três tempos: agressão, busca pelo testemunho e desmentido da experiência (*verleugnung*); ocorre o trauma como confusão de línguas. Em reforço à questão do desmentido como fundamental ao trauma, leia-se Ferenczi: "Tem-se mesmo a impressão de que esses choques graves são superados, sem amnésia nem sequelas neuróticas, se a mãe estiver presente, com toda sua compreensão, sua ternura e, o que é mais raro, uma total sinceridade" ([1931] 2011, p. 91).

Por fim, o sujeito atravessado pelo encontro traumático, assim sendo, é fragmentado, despedaçado, e passa a caminhar por um mundo de relações em busca da organização de seus fragmentos, dando origem a uma verdadeira demanda transferencial.

O trauma e as fragmentações

A referida fragmentação, tradução aqui adotada para o termo *splitting*, que também pode significar cisão, não é ligada obrigatoriamente à psicose, mas faz referência ao sujeito que, em sua incapacidade de permanecer no estado de integração, despedaça-se frente à experiência da confusão de línguas, não por mera destruição de si, mas como um apelo à vida.

Em nota de 21 de fevereiro de seu Diário Clínico, Ferenczi ([1932] 1990, p. 73) postula:

> Aquele que "entregou a alma" sobrevive, portanto, corporalmente à "morte" e começa a reviver com uma parte de sua energia; a própria unidade com a personalidade pré--traumática é assim restabelecida com êxito, é verdade que acompanhada, na maioria das vezes, de perda de memória e amnésia retroativa, de duração variável. Mas, justamente, esse fragmento amnesiado é, de fato, uma parte da pessoa que ainda está "morta", ou que se encontra continuamente na agonia da angústia.

Assim compreende-se que viver o encontro traumático, a confusão de língua, é um fragmentar-se, é sobreviver à morte voraz causada pela paixão do outro dividindo-se entre essa parte viva, pré-traumática, e o fragmento amnésico, um fragmento que segue afetado pela angústia. "Um exame detalhado dos processos do transe analítico ensina-nos que não existe choque, nem pavor, sem um anúncio de clivagem da personalidade" (Ferenczi, [1933b] 2011, p. 119).

Quanto a esses movimentos de fragmentação, Soreanu (2018, s/p) expõe:

> Em sua obra, encontramos uma série de formulações originais de processos de cisão, como a autotomia (Ferenczi, 1921, p. 160), ou a identificação com o agressor (Ferenczi, 1933, p. 162); e novos tipos de fragmentos psíquicos, como o fragmento Orpha da psique (Ferenczi, 1932a), funcionando, como veremos, entre a pulsão de vida e a pulsão de morte, ou o teratoma (Ferenczi, 1929, p. 123), um parasita amortecido "duplo" do eu, vivendo dentro da psique.

Essa multiplicidade de possíveis fragmentações demonstra, por um lado, a constante luta do sujeito pela sobrevivência, e por outro, uma luta pela preservação do amor aos agressores e silenciadores, e sobre isto, não é à toa que Ferenczi nomeia "língua da paixão", uma vez que, embora no trauma haja excessos pulsionais, tudo se inicia em uma investida apaixonada, e depois, por muitas vezes estes sujeitos externos — principalmente os eleitos para o testemunho — são pessoas privilegiadas no círculo afetivo da vítima.

A identificação ao agressor, referida por Soreanu, é postulada por Ferenczi como se segue:

> Por identificação, digamos, por introjeção do agressor, este desaparece enquanto realidade exterior, e torna-se intrapsíquico; mas o que é intrapsíquico vai ser submetido, num estado próximo do sonho - como é o transe traumático -, ao processo primário, ou seja, o que é intrapsíquico pode, segundo o princípio de prazer, ser modelado e transformado de maneira alucinatória, positiva ou negativa (Ferenczi, [1933b] 2011, p. 117).

Nesse movimento de fragmentação é bem clara a ilustração do esforço ao qual o sujeito se presta em nome da manutenção da vida e das relações, podendo identificar-se tanto ao primeiro agressor, quanto ao silenciador, que recusa seu testemunho. A fragmentação também será decisiva no desenvolvimento desse sujeito, em sua forma de amar e de usar sua língua da paixão.

Imaginando-se a metáfora original proposta por Ferenczi, a Confusão de língua entre os adultos e a criança, e considerando-se a criança que é exposta ao traumatismo e tem sua experiência desmentida por esses adultos, por esses *pais*, essa criança, em vias de ter que sobreviver ao trauma sozinha, encontra-se em situação de abandono, e esse desamparo denomina-se orfandade. No Diário Clínico de Ferenczi, encontra-se outro tipo de fragmentação muito importante, a "orpha".

O conceito de orpha é formulado em resposta ao abandono. A respeito disso temos a figura do bebê sábio (Ferenczi, [1923] 2011), que demonstra um sujeito fragmentado, ao mesmo tempo infantil — corpo de criança — e sábio — cabeça de adulto. A descrição é narrada por Ferenczi baseada em relatos de sonhos em que os pacientes diziam ver um bebê que provia cuidados e bons conselhos, como um adulto sábio. Dez anos depois, em "Confusão de língua", o autor conceitua: "Pensa-se nos frutos que ficam maduros e saborosos depressa demais, quando o bico de um pássaro os fere, e na maturidade apressada de um fruto bichado" (Ferenczi, [1933b] 2011, p. 119), e segue:

> No plano não só emocional mas também intelectual, o choque pode permitir a uma parte da pessoa amadurecer de repente. Recordo-lhes o sonho do "bebê sábio" que isolei há tantos anos, em que um recém-nascido, uma criança ainda no berço, põe-se subitamente a falar e até a mostrar

> sabedoria a toda a família. O medo diante de adultos enfurecidos, de certo modo loucos, transforma por assim dizer a criança em psiquiatra; para proteger-se do perigo que representam os adultos sem controle, ela deve, em primeiro lugar, saber identificar-se por completo com eles. É incrível o que podemos realmente aprender com nossas "crianças sábias", os neuróticos (Ferenczi, [1933b] 2011, p. 120).

Na fragmentação traumática, o sujeito, no objetivo de sobreviver e preservar as relações de amor, direciona os excessos pulsionais à hiperfaculdade das línguas da paixão — a cabeça do bebê sábio — e da ternura — o corpo de bebê. Ferenczi ([1933b] 2011, p. 119) expõe:

> A criança que sofreu uma agressão sexual pode, de súbito, sob a pressão da urgência traumática, manifestar todas as emoções de um adulto maduro, as faculdades potenciais para o casamento, a paternidade, a maternidade, faculdades virtualmente pré-formadas nela. Nesse caso, pode-se falar simplesmente, para opô-la à regressão de que falamos de hábito, de *progressão traumática* (patológica) ou de prematuração (patológica) (grifo do autor).

Observa-se então que, ao mesmo tempo que a experiência traumática implica algumas possibilidades de fragmentações, o psiquismo pode operá-las de forma simultânea e dinâmica. Tão logo, retorna-se à questão de línguas inerente ao sujeito, que nascem do encontro relacional com o outro e são intensificadas pela mesma razão. O adulto e a criança coexistem no sujeito da confusão de língua, retomando a máxima ferencziana já citada, "raspem o adulto e sobrará a criança", podendo, entre os fragmentos adulto e infantil, oscilar por regressão e progressão.

A confluência de línguas e o testemunho

Observa-se que, por um lado há um sujeito que necessita comunicar sua emoção, como no pequeno verso de Lessing, publicado no volume dois das obras de Ferenczi como um pensamento de reflexão: "Do sonho/ Alba conta-me sempre seu sonho pela manhã/ Alba dorme para ela: Alba sonha para mim"[8] (Lessing *apud* Ferenczi, ([1913a] 2011, p. 19). Entretanto, pelo outro, há o interlocutor que é tocado e transformado pelo encontro.

---

[8] Tradução do latim em nota de rodapé das *Obras Completas*. No original: "*Somnum/ Alba mihi semper narrat sua somnia mane/ Alba sibi dormit: somniat Alba mihi*".

Retomando a autoplastia da linguagem da ternura, Vieira (2019, s/p) esclarece:

> Devemos lembrar que linguagem da ternura é tanto suave quanto sacana, capaz de delicadeza e ao mesmo tempo de suspender o pudor da repressão. Seu uso implica no resgate da força da pulsão a serviço da articulação com objetos que possam servir aos propósitos dos seus desejos.

Tem-se na confusão de língua uma língua da paixão tentando assujeitar um alvo incapaz de compreender a carga erótica da forma de expressão, e, por consequência, a violação de sua realidade interna. Em outras palavras, podemos compreender o conflito entre as línguas como a incapacidade da língua da ternura de compreender o investimento recebido do agressor somada à própria agressão do sujeito que se expressa pela língua da paixão.

De tal modo, o encontro do sujeito com um outro acolhedor, poderá operar um evento organizador que, através do testemunho, possibilitará uma resolução do traumatismo antes que se instaure um trauma. Como bem disse Heráclito, num rio não se pode banhar duas vezes. Assim são os rios da pulsão em constante atualização. Nessas atualizações, quando dois rios se encontram, criam uma nova configuração. Os rios pulsionais, nomeados aqui língua da ternura e da paixão, cruzam-se em um ponto marcado pelo evento apaziguador, resultando em uma confluência de línguas.

Em termos práticos, Ferenczi ([1931] 2011, p. 91) afirma que: "As falas apaziguadoras e cheias de tato, eventualmente reforçadas por uma pressão encorajadora da mão e, quando isso se mostra insuficiente, uma carícia amistosa na cabeça, reduzem a reação a um nível em que o paciente volta a ser acessível". Note-se que é preciso escutar o sujeito em sofrimento com ternura para perceber que a carícia amistosa é necessária, embora o gesto em si seja aloplástico.

Compreende-se que as línguas confluem, visto que uma língua é um sistema não apenas de expressão, mas de interpretação. Por um lado, quem acolhe necessita ouvir por meio da ternura, por outro, o acolhimento caracteriza-se como gesto transformador, de natureza aloplástica, ou seja, transforma uma realidade externa a quem o praticou, característica da língua da paixão. O jogo do acolhimento é permeado por um uso simultâneo das línguas que não mais se confundem e chocam, mas que trabalham em conjunto.

Sem idealizar-se, porém, uma saída fora do campo neurótico, uma teoria que vise livrar o mundo e as pessoas das muitas confusões as quais somos expostos, visto que o desamparo é constituinte da subjetividade, podemos compreender que, se por um lado o amparo no pós-traumatismo é capaz de reduzir a voracidade de seu efeito, por outro, esse acalento imperfeito faz parte da formação subjetiva.

A compreensão da importância do papel daquele a quem a fala é endereçada é fundamental para se pensar os modos de relação desse sujeito para com o mundo. O encontro entre os inconscientes pode gerar no sujeito do trauma um efeito resultante da pulsão criadora, possibilitando assim a confluência de línguas e uma nova organização. Desse modo, a intervenção relacional seria capaz de provocar algo na ordem da ressignificação da visão do sujeito acerca de suas próprias relações? "É um dos privilégios do escritor poder deixar-nos na incerteza!" (Freud, 1907 [1906] 2006, p. 24).

NOVAS PERSPECTIVAS SOBRE
A FRAGMENTAÇÃO

Viver é um rasgar-se e remendar-se.
(Guimarães Rosa)

Já no início de seu percurso médico, Ferenczi declarou que:

> O processo da consciência humana é organizado graças a essas crises e divergências. É preciso imaginar o progresso como uma carroça puxada por dois cavalos, um domina o outro para depois ser dominado por ele; a carroça, então, avança caoticamente, em zigue-zague e com incessantes sacudidelas ([1899a][9] 2022, p. 15).

É interessante, de partida, considerarmos que esses cavalos que conduzem o psiquismo humano não têm nome, ou mesmo classificação hierárquica. São forças que disputam o controle de forma selvagem, dominam o opositor, alternam-se, e caotizam a estabilidade da carroça. Digo isto porque a organização de nossas teorias causa uma falsa sensação de segurança. Por mais que saibamos que o saber do analista é suposto, o deparar-se com uma condição que coloca nosso conhecimento prévio em cheque pode abalar o espírito do analista e suscitar-lhe resistências indesejáveis à transferência.

A motivação particular deste capítulo provém de um momento destes. Um paciente, que até então parecia totalmente enquadrado nos moldes da clínica do traumático, abalou-me. O rapaz tem uma forte narrativa de histórico de traumas na infância, e parecia responder muito bem à ideia da fragmentação entre uma parte infantil e outra adultizada. Todavia, em uma de suas associações acerca da mãe, eu via o conflito cotidiano narrado — uma discussão acerca de dinheiro que ele havia emprestado a ela — como mais um elemento da mesma repetição. Fiz duas ou três interpretações, em um sentido de sinalizar-lhe que aquele movimento era previsível, seu fragmento cuidador tentando ensinar à mãe uma educação financeira que ela não tinha.

---

[9] É válido ressaltar que nessa época Ferenczi ainda não havia tido contato com a obra de Freud.

Entretanto ele insistiu comigo: "não é só isso", "falta alguma coisa". Com isto, o sentimento primeiramente foi de incômodo. Se ele estivesse certo, toda a minha construção teórica cairia como um castelo de areia. Inicialmente caí na tentação de pensar que ele estava "resistindo", mas, quando por um segundo percebi o que estava sentindo e me propus a ouvi-lo com verdade e abertura, percebi, não apenas os caminhos para este novo desenvolvimento teórico que proponho, mas também o quanto tentava utilizar a teoria para "organizar" as coisas, mesmo que se trate de uma teoria da confusão como a de Ferenczi.

Seria a fragmentação causada pelo trauma?

A fragmentação é, talvez, um dos traços mais característicos do desenvolvimento clínico que se faz da teoria de Ferenczi nos tempos atuais. A ideia de quebra do sujeito surge como uma consequência ao choque traumático.

Em termos de conceito, a autoria histórica desse fenômeno poderia ser atribuída a Freud, que designou a clivagem como elemento próprio da psicose e da perversão ([1927] 2006), responsável pelo funcionamento de "duas atitudes contraditórias, uma que consiste em recusar a realidade (renegação), outra, em aceita-la" (Roudinesco; Plon, 1998). Nisto consiste a clivagem do Ego.

Todavia, percebemos que, em Ferenczi, o estabelecimento de uma fragmentação como consequência do choque traumático não se prende às questões de organização da estrutura psíquica. Não há uma exclusividade em compreender as fragmentações como precipitadoras de psicoses ou perversões. Pelo contrário. O exame de nossas clínicas cotidianas demonstra um considerável número de pacientes submetidos a traumas graves que continuam operando neuroticamente, o que abre os caminhos para o estudo dos pacientes mistos, limítrofes, ou borderlines, visto que "a primeira reação a um choque é sempre uma psicose *passageira*" (Ferenczi, [1930] 2011, p. 74, grifo meu).

Outro ponto é que o processo de divisão do Eu descrito por Roudinesco e Plon trata de uma forma de negação específica da realidade limitadora do desejo por parte do sujeito. Via princípio de realidade ele precisa encontrar meios de continuar suportando materialmente o desejo barrado, entretanto, sua realização é vislumbrada pela recusa[10] da realidade via fetiche ou alucinação/delírio. Entretanto o processo de divisão é presente em Freud e na história da psicanálise também de outras formas não associadas a esses estados psíquicos específicos.

Antes da formulação do inconsciente, vigorava na comunidade médica europeia o uso do conceito wunditiano de consciência para trabalhar-se com os aspectos psicológicos do ser humano. Em "As neuropsicoses de defesa", Freud apresenta a hipótese de divisão da consciência como consequência de um conflito entre a pressão exercida por uma lembrança aflitiva e um certo esforço em livrar-se dela. Na primeira de suas "Cinco lições" ([1910a] 2006), ele retoma este período de sua pesquisa associando-o como o momento inicial para a descoberta da divisão consciência-inconsciente. Em momento posterior, Freud ([1938] 2006) narra o processo de desenvolvimento da segunda tópica, declarando que o sujeito, inicialmente "puro Id", tem uma parte do seu ser voltada à realidade externa, tornando-se o Ego.

Em Freud podemos observar elementos suficientes para pensar a questão da fragmentação como algo não mais engessado às estruturas clínicas, mas algo dinâmico e constituinte do sujeito. Ferenczi, entretanto, debruça-se sobre o estudo desse fenômeno de forma mais ampla. Muitas são as referências que o autor faz, ao final de sua obra, às possibilidades de fragmentações. Em um exame mais atento, é possível percorrer seus escritos mais antigos, observando-se um fio norteador para o raciocínio teórico e o uso clínico do conceito de fragmentação para nossas clínicas atuais.

Em nota de 25 de março do Diário Clínico, Ferenczi descreve:

> Se o trauma afeta o psiquismo ou o corpo sem preparação, ou seja, sem contra-investimento, então age sobre o corpo e o espírito de um modo destrutivo, quer dizer, perturbador, por fragmentação. Falta a força que mantinha juntos os fragmentos e os elementos separados. Fragmentos de órgão, elementos de órgão, fragmentos e elementos psíquicos são dissociados (Ferenczi, [1932] 1990, p. 105-106).

A partir dessa formulação compreendemos, pelas lentes de Ferenczi, a dinâmica do psiquismo como algo que vai além da fragmentação do

---

[10] A questão das nomenclaturas de negações da realidade frente à impossibilidade do desejo é trabalhada detalhadamente por Jacques Lacan, em especial em seu quinto seminário *As formações do inconsciente* ([1957-58] 1999). De forma sumária, os termos mais utilizados em psicanálise são: negação/recalque para a neurose; denegação/recusa para a perversão; e foraclusão para a psicose.

Eu. As clivagens podem exercer influência tanto no campo do psiquismo quanto no funcionamento dos órgãos. Se anteriormente foi destacado um possível caráter constituinte da fragmentação, nessa passagem observamos uma confirmação, visto que a fala é de fragmentos que são *separados* pelo trauma.

Retomando a passagem "Fragmentos de órgão, elementos de órgão, fragmentos e elementos psíquicos são dissociados", é possível trabalharmos com a ideia de que a fragmentação não surge com o trauma. O sujeito já está lá, operante com suas clivagens constituintes, que funcionam como engrenagens bem engatadas, movidas pela pulsão. A força avassaladora do trauma retira essas engrenagens de seus lugares. Sem o contato, elas não apenas deixam de responder às suas funções primeiras, mas também se esvazia a vitalidade. A isto chamamos de dissociação.

O surgimento da fragmentação

Em "Transferência e introjeção", um dos primeiros trabalhos psicanalíticos do autor, datado de 1909, pode-se observar uma consideração interessante acerca da divisão do sujeito, como se segue:

> Pode-se pensar que o recém-nascido experimenta todas as coisas de maneira *monista*, quer se trate de um estímulo externo ou de um processo psíquico. Só mais tarde a criança aprenderá a conhecer a "malícia das coisas", aquelas que são inacessíveis à introspecção, rebeldes à vontade, ao passo que outras ficam à sua disposição e submetidas à sua vontade. O monismo se converte em dualismo. Quando a criança exclui os "objetos" de massa de suas percepções, até então unitárias, para formar com eles o *mundo externo* e, pela primeira vez, opõe-lhes o "ego" que lhe pertence mais diretamente; quando distingue, pela primeira vez, o *percebido* objetivo (*Empfindung*) do vivenciado subjetivo (*Gefühl*), está efetuando, na realidade, a sua primeira operação projetiva, a "projeção primitiva" (Ferenczi, [1909] 2011, p. 96, grifos no original).

Nessa compreensão, o bebê nasce monista, ou seja, como uma unidade. Cresce, desenvolve-se, e, a partir de uma gama de operações psíquicas, torna-se dualista, fragmentado. Sai da compreensão de um sentir narcísico para uma percepção do mundo, e de si mesmo, por meio de uma apreensão em partes, fragmentos.

A projeção é um mecanismo observado pelo autor, inicialmente em pacientes paranoicos, e consiste no ato de identificar em elementos do mundo externo elementos que fazem parte do próprio sujeito. No adoecimento paranoico, projeta-se aquilo que há de insuportável em si mesmo, associando esse conteúdo a uma figura odiosa, perseguidora, ameaçadora de algum modo. Entretanto o processo não trata exclusivamente de um mecanismo patológico, mas um recurso comum ao ser humano, com essa origem primitiva. A própria experiência da vida cotidiana possibilita reconhecer esse processo, afinal, quem nunca enxergou na realidade externa algo de si próprio?

Ocorre que o bebê, originalmente monista, com processos físicos e psíquicos integrados, projeta algo do seu próprio sentir para reconhecer a existência do mundo externo. Feito isto, ele introjeta elementos desse mundo externo para si, para reconhecê-los.

> Entretanto, uma parte maior ou menor do mundo externo não se deixa expulsar tão facilmente do ego, mas persiste em impor-se, como que por desafio: ama-me ou odeia-me, "combate-me ou sê meu amigo!"[11] E o ego cede a esse desafio, reabsorve uma parte do mundo externo e a incluirá em seu interesse: assim se constitui a primeira introjeção, a "introjeção primitiva" (Ferenczi, [1909] 2011, p. 96).

Nessa problemática entre monismo e dualismo, entre um sujeito inteiro ou fragmentado, Ferenczi encontra uma alternativa de atitude e visão de mundo baseada em uma corrente de pensamento chamada 'utraquismo'. Segundo o autor, "Uma visão de mundo tão pouco errônea quanto possível exige uma atitude utraquista (oscilando entre a introspecção e a observação de objeto), a partir da qual pode-se construir uma realidade confiável" ([1920] 2011, p. 209).

A menção ao termo não é a única em sua obra. Em "Influência de Freud sobre a medicina", ele declara: "[...] preciso forjar uma nova palavra, o *utraquismo*, e creio que esse método de pesquisa sobre as questões que envolvem as ciências da natureza e as ciências do espírito merece uma grande difusão" ([1933a] 2011, p. 101-102, grifos no original). Ainda nesse texto, os tradutores apresentam a seguinte nota de rodapé: "Do latim *uter* 'aquele dos dois que', 'um no outro'". Nesse sentido, inicia-se a compreensão de que Ferenczi propunha seu olhar como uma mescla entre

---

[11] No original uma nota de rodapé esclarece que aqui Ferenczi cita o Ato I de *O crepúsculo dos deuses*.

dualismo e monismo, sobre objetos que são passíveis de diferenciação, mas que não o são, ao mesmo tempo. Sobre estar separado e estar junto, tanto nos fragmentos que compõem o sujeito, quanto nas relações.

Uma clareza maior é obtida quando se levanta a origem da palavra. Utraquismo é a corrente de pensamento cristão, historicamente ligada aos hussitas, seguidores do teólogo pré-reformador Jan Hus (MacCulloch, 2004), que determina que a celebração da eucaristia deve ser ministrada em suas duas formas, pão e vinho, corpo e sangue do Cristo, que retratam exatamente este modo de ver o mundo, coisas separadas e juntas ao mesmo tempo.

Ainda sobre o uso do termo, Honda (2018, p. 39) declara:

> Analogamente, no uso do termo feito por Ferenczi para caracterizar a metapsicologia freudiana, se considerarmos duas coisas quaisquer, como, por exemplo, dois fenômenos ou duas perspectivas distintas, o termo latino *utraque* seria utilizado para indicar que é necessário considerar ambas, que se trata da conjunção entre os dois fenômenos ou as duas perspectivas, não da disjunção delas, uma ou outra.

Nesse método utraquista, embora diga respeito ao olhar de Ferenczi sobre a psicanálise em si, nessa multiplicidade de movimentos, do monismo primitivo ao dualismo, entre projeções e introjeções, é possível pensar também um sujeito utraquista, com uma integração e separação simultânea entre os fragmentos do psiquismo.

Novas perspectivas sobre a fragmentação

A ideia mais difundida acerca da fragmentação com base na teoria ferencziana está relacionada a uma divisão em termos de um fragmento adulto e um fragmento infantil que coexistem de forma utráquica. Conforme o psicanalista húngaro:

> Tem-se nitidamente a impressão de que o abandono acarreta uma clivagem da personalidade. Uma parte de sua própria pessoa começa a desempenhar o papel da mãe ou do pai com a outra parte, e assim torna o abandono nulo e sem efeito, por assim dizer (Ferenczi, [1931] 2011, p. 87).

Dessa forma, o norte da clínica torna-se o manejo com pacientes divididos entre aspectos de personalidade "adulta" protegendo supostos conteúdos infantis. A face infantil foi profundamente ferida, e fica escondida, sob a proteção da face adulta. Podemos aqui vislumbrar essa formulação como antecessora do conceito de falso self, de Winnicott, em que "Sua função é a de ocultar e proteger o *self* verdadeiro, o que quer que este possa ser" ([1960] 1983, p. 130), do mesmo modo que o fragmento adulto protege o fragmento infantil.

Ocorre que, conforme Winnicott nos alerta, a divisão do self é um movimento constitutivo do desenvolvimento subjetivo. De fato, todos temos fragilidades que precisam ser protegidas até que se estabeleça uma relação de confiança com o outro. A questão do adoecimento, segundo Winnicott, está não na fragmentação em si, mas na intensidade das intercorrências, bem como na consciência do falso self como instância defensiva e não como representante legítimo do ser.

Ainda sobre o uso desse fragmento adulto como meio de sobrevivência ao trauma, Ferenczi estabelece a famosa metáfora do fruto bicado:

> A criança que sofreu uma agressão sexual pode, de súbito, sob a pressão da urgência traumática, manifestar todas as emoções de um adulto maduro, as faculdades potenciais para o casamento, a paternidade, a maternidade, faculdades virtualmente pré-formadas nela. Nesse caso, pode-se falar simplesmente, para opô-la à regressão de que falamos de hábito, de *progressão traumática* (patológica) ou de prematuração (patológica). Pensa-se nos frutos que ficam maduros e saborosos depressa demais, quando o bico de um pássaro os fere, e na maturidade apressada de um fruto bichado ([1933b] 2011, p. 119).

Ferenczi ainda segue a asserção retomando "O sonho do bebê sábio" ([1923] 2011), onde analisa a cena do sonho de um bebê que fala, aconselha e porta-se como um adulto, comparando esse bebê adultizado com o fruto bicado/bichado. Nessa direção, uma linha de raciocínio acerca da fragmentação traumática desenvolveu-se ao pensar na precipitação dos recursos adultos necessários para que a criança se cuide após a incidência de um trauma, em oposição ao sujeito saudável que percorreria as etapas normais do desenvolvimento humano até a fase adulta, um "adulto completo". Todavia, não apenas a psicanálise nos mostra a impossibilidade de escapar-se dos infortúnios da infância, como também o próprio Ferenczi já alertou que se rasparmos o adulto, por baixo encontraremos a criança ([1909] 2011, p. 111).

Até aqui, sem grandes novidades, "Pois todos nós sabemos que as crianças que muito sofreram, moral e fisicamente, adquirem os traços fisionômicos da idade e da sabedoria" (Ferenczi, [1931] 2011, p. 89). A verdadeira questão está em compreender no que consistem as consequências do choque traumático frente à constituição fragmentada do ser humano.

Em seu último e emblemático trabalho, Ferenczi fala do trauma como uma confusão de língua ([1933b] 2011), mais especificamente, de uma confusão de língua entre a criança e o adulto. Nesse texto, o autor estabelece as línguas da ternura e da paixão. A língua da ternura é a língua comum às crianças, uma língua autoplástica, ou seja, voltada à gestão e à transformação do mundo interno. A língua da paixão é aloplástica, e voltada à aplicação das próprias pulsões na realidade externa. O trauma ocorre, nestes termos, quando um agressor faz sua investida apaixonada sobre a criança que não tem as características adultas necessárias para defender-se. Após sofrer o desmentido, "a negação, a afirmação de que não aconteceu nada, de que não houve sofrimento" (Ferenczi, [1931] 2011, p. 91), o amadurecimento da criança é precipitado, conforme discutimos acerca do fruto bicado e do bebê sábio.

Ocorre que, uma vez que os fragmentos passam a coexistir no sujeito a partir da precipitação da adultização, também passam a coexistir as línguas da ternura e da paixão, mesmo que não haja estrutura suficiente para suportar-se a carga do fragmento adulto. Se o trauma consiste numa confusão de língua entre dois sujeitos, o agressor/paixão e a vítima/ternura, a coexistência das línguas no sujeito, precipitada pelo trauma, possibilita uma outra confusão, uma confusão interna das línguas.

> Neste sentido o manejo com pacientes traumatizados consiste em proporcionar o socorro negado e injetar neles a esperança para poder enfrentar o conflito interno. Quanto à questão da interação entre línguas no manejo de um paciente, devemos considerar os seguintes elementos: após o trauma instaurado o paciente estará em posição concernente à língua da paixão, embora mal adaptado a ela; sentir é uma capacidade mais comum à língua da ternura, enquanto que tocar o outro é uma capacidade mais evidente na língua da paixão (Oliveira, 2022, p. 81).

E é nessa confusão das línguas internas que consiste a atual proposta de releitura da relação entre fragmentação e trauma. Retomando o caso do paciente que abalou minhas certezas, ele mesmo assumiu que não sabia dar nome ao que sentia, mas em sua descrição dos sentimentos, uma fala em particular me chamou a atenção: "*se eu permitir que ela* [a mãe] *cresça, eu vou ter que crescer também*".

Por que o sujeito que está atuando o fragmento adulto ficaria preocupado em "crescer"? Está não seria uma angústia do fragmento infantil?

A partir disso, uma hipótese, que foi confirmada pelo próprio paciente, surgiu-me. O trauma não fragmenta, embora tenha o poder de precipitar a divisão adulto/criança. Entretanto, nessa precipitação traumática, incorre-se o risco não apenas da divisão fragmentada, mas da inversão das funções dos fragmentos.

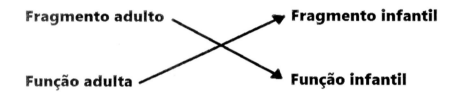

A função supostamente adulta, de cuidar de si e dos próprios cuidadores, não é então movida por uma racionalidade ou mesmo pelos fundamentos de uma educação emancipadora, mas pela manutenção de uma codependência. A situação não é muito diferente de pais que fazem a manutenção do estado vulnerável de seus filhos. Freud declarou que "os pais se mantêm jovens através dos filhos e esse é, na verdade, um dos proveitos psicológicos mais preciosos que os pais tiram dos filhos" ([1913] 2006, p. 33). Talvez a maior diferença entre pais que gozam dessa forma de seus filhos e filhos que assumem a parentalidade via precipitação traumática seja que, por escassez de recursos, o sujeito traumatizado pode, no máximo, brincar de ser mamãe ou papai, o que justifica a ideia de deixar o outro crescer implicar o próprio crescimento.

Outro elemento importante é a dificuldade do sujeito traumatizado em permitir-se ser cuidado. Almeida (2023, p. 135) alerta que "a rebeldia, além de ser uma 'capa encobridora' da ternura, pode ser uma tentativa de não se curvar a um sistema que anseia por reprimir as características singulares do ser". É muito claro que a parte traumatizada é a infantil, mas, mesmo frente ao cuidado, ela encolhe-se como um animal encurralado.

É necessária uma forte racionalização para admitir-se precisar de ajuda e permitir-se ser ajudado/acolhido. A experiência mostra-nos que grande parte dos pacientes profundamente machucados psiquicamente, via de regra, enfrenta grandes resistências internas antes de buscar a psicanálise ou outras formas de psicoterapia — excluindo-se, talvez, os casos em que são forçados ou induzidos por outrem.

Assim, podemos vislumbrar um desdobramento mais profundo da confusão de língua. Se ela começa por uma confusão entre pessoas por meio do enredo do trauma, suas consequências podem desembocar em uma outra confusão das próprias instâncias e funções psíquicas. Até aqui pude descrever uma confusão que desloca a língua de seu fragmento, associando um discurso da língua da ternura ao fragmento adulto e a paixão ao fragmento infantil. Penso que, a partir da compreensão de confusão como um deslocamento de funções entre os fragmentos, outras novas perspectivas para a clínica do traumático possam surgir.

O AGRESSOR E O DESMENTIDO

O resgate da teoria da traumatogênese, proposta e trabalhada por Sándor Ferenczi entre os anos de 1928 e 1933, tem se tornado cada vez mais significativo para as reflexões acerca da psicanálise de nosso tempo atual. A noção de desmentido, a negação perversa feita pelo adulto à criança, dizendo que a experiência traumática sofrida não aconteceu (Ferenczi, [1931] 2011) é o coração dessa compreensão.

A partir disso, vários desdobramentos acerca do desmentido vêm sendo trabalhados nos contextos clínicos e sociais. Percebemos até mesmo o uso do desmentido na prática clínica, que se traduz pela iatrogenia da análise (Kupermann, 2019), ou seja, a análise retraumatizante e apassivadora. Ainda no campo clínico, destaca-se a necessidade de trabalhar com a validação das múltiplas experiências desmentidas que nossos pacientes carregam ao longo de suas vidas, por meio de uma técnica voltada à empatia, ao "sentir com" (Ferenczi, [1928c] 2011), em um combate ao desmentido. Por fim, se ampliarmos o olhar, o desmentido como elemento presente na organização da cultura, como um desmentido social (Gondar, 2012), ou, mais recentemente, na forma de negacionismo (Kupermann, 2020).

A fala original do psicanalista húngaro, que funda toda essa linha de pensamento, pode ser circunscrita pelo conhecido trecho, a seguir apresentado:

> O pior é realmente a negação, a afirmação de que não aconteceu nada, de que não houve sofrimento ou até mesmo ser espancado ou repreendido quando se manifesta a paralisia traumática do pensamento ou dos movimentos; é isso, sobretudo, o que torna o traumatismo patogênico (Ferenczi, [1931] 2011, p. 91).

A partir disso, como mencionado, múltiplas compreensões sobre as diversas situações de sofrimentos desencadeados por agressões podem ser gestadas, desde a própria criança que cresce em situação de violência e vulnerabilidades à cultura de culpabilização da vítima de estupro pela justificativa do uso de suas roupas ou qualquer suposto comportamento provocativo.

Por outro lado, se é tão fácil teorizarmos sobre os efeitos negativos desse desmentido, e posicionar-nos ética e politicamente a favor de uma comunicação empática, por que essas formas de agressão continuam tão presentes na sociedade atual? O que move um agressor, seja ele o pivô do traumatismo ou o silenciador da experiência, uma vez que ambos são agentes presentes no desmentido? O que caracteriza esses sujeitos?

Embora a dramaturgia e a literatura impressionem o senso comum com suas histórias de "psicopatas" como os portadores de todo o mal, o olhar atento percebe que o impulso agressivo está muito mais difundido em meio a sujeitos comuns da sociedade do que se gostaria de admitir. Mesmo décadas atrás, Ferenczi já declarava que:

> Mesmo crianças pertencentes a famílias respeitáveis e de tradição puritana são, com mais frequência do que se ousaria pensar, vítimas de violências e de estupros. São ora os próprios pais que buscam um substituto para as suas insatisfações, dessa maneira patológica, ora pessoas de confiança, membros da mesma família (tios, tias, avós), os preceptores ou o pessoal doméstico que abusam da ignorância e da inocência das crianças ([1933b] 2011, p. 116).

A fala do autor pode, a primeiro momento, incomodar. Se distanciarmo-nos um pouco das situações de agressão de grande impacto, é possível perceber por experiência própria que tanto as agressões quanto os silenciamentos, em alguma medida, fazem parte da constituição humana. Seja por um dia mais cansativo no qual é difícil manter a atitude compreensiva com os filhos, seja por esgotamento de paciência para acolher a ansiedade do outro, ou por tantos outros motivos possíveis, nota-se que, em essência, agredir e silenciar fazem parte do arcabouço psíquico geral.

Por outro lado, Ferenczi dá uma pista interessante sobre a distância que a interpretação leiga coloca entre o psicopata de filme e o sujeito comum. Na última citação apresentada, o autor fala da natureza das agressões cometidas a crianças por pessoas de laços próximos, o que desencadeia o raciocínio que apresentei no parágrafo anterior: embora saibamos que a agressão e o desmentido podem ser prejudiciais ao outro, isto é recebido com certa naturalidade. O efeito muda, por exemplo, se a agressão vier de um estranho, de alguém alheio, e, em geral, as pessoas unem-se no sentimento de horror à agressão.

A partir disso, pode-se pensar na desautorização dos professores em educar e delimitar limites para seus alunos. Com o movimento de precarização do ensino, não apenas em recursos materiais e financeiros, mas também da imagem do professor, ele perde, ao longo das últimas décadas, o lugar de privilégio no vínculo com as famílias, tornando-se um estranho, alguém que não possui o "direito de agredir".

Por outro lado, a cultura do estupro, que justifica o comportamento dos agressores, trabalha a partir da culpabilização da vítima, uma ideia de suposta intimidade entre o par vítima-agressor, que justificaria ao segundo o "direito de agredir". Quando se fala das roupas curtas, do suposto comportamento provocativo, ou mesmo do histórico de relacionamentos de uma mulher, o discurso, a partir de um tipo particular de desmentido sobre o direito de existência da mulher, vende a ideia de uma intimidade por ela cedida a seu agressor.

Tudo isso coloca as relações humanas em um campo bem complicado. A ideia de intimidade relacional ligada ao "direito de agredir", tanto funda uma nova forma de desmentido, que suaviza as agressões cometidas por "agressores autorizados", quanto une o social em horror aos agressores não autorizados, o que causa a ilusão de que a sociedade abomina a agressão, uma vez que os "agressores autorizados" não são, de fato, tomados como agressores.

Desse modo, um estudo mais atento acerca dos fatores constitutivos dos elementos de agressão e silenciamento, que juntos caracterizam um trauma pela via do desmentido, faz-se necessário para a formulação de possíveis furos à lógica social de uma suposta agressão por direito concedido pela via da intimidade.

O impulso de agressão

O ponto de partida para podermos analisar as características de agressor que subsistem mesmo em sujeitos comuns, vem da natureza agressiva da pulsão. A pulsão, como bem se sabe, é a força motriz que flui na fronteira entre o psiquismo e o corpo (Freud, [1915a] 2006). Entretanto a natureza da pulsão é algo mais amplo, tendo sido reorganizada por diversos pontos de vista ao longo da história da psicanálise.

Inicialmente Freud deu destaque às pulsões sexuais ([1905] 2006). Segundo Roudinesco e Plon (1998), "esboça uma distinção entre as pulsões sexuais e as outras, ligadas à satisfação de necessidades primárias" (p. 629). Até aqui a questão da agressividade é tomada pelo caminho das pulsões de autopreservação, par das pulsões sexuais, formalizado por Freud em "A concepção psicanalítica da perturbação psicogênica da visão" ([1910b] 2006).

Após 1920, com a virada da segunda tópica freudiana, um novo dualismo pulsional é teorizado, a partir das pulsões de vida e morte. Nas pulsões de vida, como bem se sabe, concentram-se os processos sexuais e de autopreservação, conquanto a pulsão de morte comporta os processos de retorno ao estado inorgânico. Entretanto a questão da agressividade adentra a um campo nebuloso, afinal, ela pode pertencer tanto ao campo do prazer sexual, da autopreservação e da destruição.

Essa questão não representa um problema teórico em si, uma vez que se compreende o par de pulsões funcionando em conjunto, mas alerta para a concomitância das três motivações que levam à execução de um ato agressivo.

Em *O mal-estar na civilização*, Freud ([1930] 2006) determina que o elemento para a convivência em sociedade é o recalcamento dos desejos, sobretudo, dos desejos agressivos, que poderiam culminar na destruição da espécie. Entretanto, a bem saber, o recalque não acarreta a extinção do desejo, mas sim, via de regra, a reformulação da pulsão associada em uma nova via, e a essa reformulação pertence a classe dos sintomas.

Quando pensamos na agressão praticada na traumatogênese, o desejo de destruição coexistente com a satisfação sexual é facilmente identificável. Adentra-se o campo do sadismo, uma das perversões na teoria freudiana. Para Freud (1905 [1901] 2006), a psiconeurose, esse estado de barragem do desejo, é o negativo da perversão, ou seja, a manifestação perversa, como o sadismo, é a face mais pura a que se pode vislumbrar do movimento pulsional do ser humano.

Combater o sadismo explícito é algo um tanto mais frequente na sociedade, dado que, conforme a teoria do mal-estar na civilização, há um pacto de não agressão entre os sujeitos de um mesmo grupo social, de modo que aqueles que escapam ao filtro do aceitável ao olhar do recalque social são facilmente identificados e retaliados.

Por outro lado, se o sintoma é uma reformulação do mesmo impulso, a mudança de discurso que autoriza certos tipos de agressões se caracteriza como um sintoma social, um pacto comum para autorizar a vazão do desejo agressivo de alguns. Qual é, entretanto, a medida do aceitável em termos da caracterização de um agressor em face ao sujeito comum? Continuemos com Freud:

> A relação de desprazer parece ser a única decisiva. O ego odeia, abomina e persegue, com intenção de destruir, todos

> os objetos que constituem uma fonte de sensação desagradável para ele, sem levar em conta que significam uma frustração quer da satisfação sexual, quer da satisfação das necessidades autopreservativas. Realmente, pode-se asseverar que os verdadeiros protótipos da relação de ódio se originam não da vida sexual, mas da luta do ego para preservar-se e manter-se ([1915a] 2006, p. 159-160).

Leonardo Câmara (2021) destaca que o desafio da clínica psicanalítica atual não mais consiste em interpretar o conteúdo dos sintomas causadores de sofrimento, mas sim a forma como eles se apresentam. Nessa direção, a fala de Freud é decisiva para compreendermos o mecanismo da aceitação de determinados tipos de agressão. É o Ego, como instância psíquica, quem determina a medida entre o aceitável e o que deve ser destruído. E aqui não falamos da destruição como face da agressão praticada, mas daquilo que deve ser combatido, extirpado da sociedade. E a medida para essa extirpação é a estranheza.

Em momento posterior, Freud conceitua a condição de estranhamento, como se segue:

> [...] se é essa, na verdade, a natureza secreta do estranho (*Unheimlichen*), pode-se compreender por que o uso linguístico entendeu "o familiar" (*das Heimliche*) para o seu oposto, "o estranho" (*das Unheimliche*), pois este estranho (*Fremdes*) não é nada novo ou alheio, porém algo que é familiar (*Heimliche*) e há muito estabelecido na mente, e que somente se alienou (*entfremdet*) desta através do processo de repressão ([1919b] 2006, p. 258).

A forma de agressão, como sintoma social a ser tolerada ou não, depende da familiaridade do expectador. Uma agressão que se manifesta como algo que deveria estar recalcado será denunciada por ser algo tomado como hediondo, digno de retaliação; entretanto a intimidade, seja por uma via familiar ou por pactos sociais de culpabilização da vítima, geram uma permissividade que culmina no entendimento de uma agressão por direito.

Nesses termos, compreendemos a dinâmica das pequenas e grandes agressões, em face a uma lente social precária, tanto pela legitimação de certos modos de agressão, quanto pela parcialidade, visto que diferentes grupos sociais têm diferentes medidas de estranheza. A exemplo desse último ponto, pode-se pensar, novamente, acerca da legitimação de certos casos de estupro. Tal legitimação não ocorre por unanimidade, há esforços crescentes na sociedade para o combate a essa visão de mundo, o que acarreta divisões e embates entre segmentos da sociedade. Se, por um lado, tal movimento é importantíssimo para a disseminação de uma psicoeducação acerca das agressões que passam despercebidas, por outro, coloca em risco seus representantes, visto que eles também se tornam "estranhos" aos olhos daqueles que buscam legitimar e relativizar os modos de agressão.

O impulso de desmentir

Junto ao agressor, o silenciador da experiência, aquele que aplica o desmentido, fecha a relação triangular do trauma segundo os moldes de Ferenczi. A figura do desmentido, via de regra, passa despercebida com maior facilidade. Identificar a agressão, que é um evento observável, é mais simples do que identificar um desmentido, que pode se manifestar meramente pela ausência, omissão e silêncio.

Ferenczi declara que "Tem-se mesmo a impressão que esses choques graves são superados, sem amnésia nem sequelas neuróticas, se a mãe estiver presente, com toda a sua compreensão, sua ternura, e o que é mais raro, uma total sinceridade" ([1931] 2011, p. 91). A partir dessa passagem, a compreensão é de que o psiquismo humano é capaz de sobreviver às diversas agressões a que puder ser exposto, sem consequências traumáticas, desde que receba o acolhimento devido.

A teorização exposta no parágrafo anterior funda uma das maiores contribuições clínicas de Ferenczi para a clínica psicanalítica, postulando um manejo baseado no cuidado, no acolhimento, na validação dos traumas sofridos, e na empatia.

Por outro lado, o que leva alguém a desmentir a experiência do outro?

Embora Ferenczi tenha partido de uma consideração das agressões praticadas por pessoas próximas, com laços de convivência, a partir da teorização do tópico anterior, compreendemos que qualquer sujeito que se entregue à pulsão agressiva por prazer e/ou destruição, e que não seja barrado pelas permissões sociais ou por suas barreiras internas, pode se tornar um agressor. Na questão do desmentido, há uma complexificação da questão, visto que a passagem ao ato — ou à ausência — não depende exclusivamente do sujeito que a opera.

Se o desmentido é acerca da experiência de alguém, no caso do trauma, da pessoa agredida, é necessário primeiramente que haja a experiência e a tentativa de testemunho da mesma, para que se tenha algo a desmentir. Não à toa Ferenczi refere-se à "mãe", dado que, baseado no molde de família tradicional, essa é a primeira pessoa buscada por uma criança em situação de ameaça.

Se o agressor opera a partir de um movimento pulsional próprio, relacionado com as possíveis barreiras intrapsíquicas e sociais, o silenciador, por outro lado, é o que recebe esse investimento de fora, ou seja, ele reage ao que lhe chega. Uma ação, seguida de uma opção, caracterizam a equação ferencziana da traumatogênese.

A primeira face da tendência a desmentir é a reação a algo. No caso do trauma, ao horror e à dor sofridos por outrem. Aqui é possível pensar, por exemplo, no impulso de virar o rosto que algumas pessoas têm frente a uma cena sangrenta, ou mesmo no "não chora" que surge automaticamente na fala de outros quando veem alguém amado aos prantos.

A perversão em psicanálise, conforme exposto anteriormente, é a expressão do desejo evadido do recalque que caracteriza a psiconeurose. Desse modo, o desmentido como uma "negação perversa" é a expressão da segunda das funções do princípio do prazer (Freud, [1911] 2006), evitar o desprazer, que faz par com a busca pelo mesmo.

Quando pensamos em um agressor que acumula também o papel de desmentir a agressão de sua vítima, como nos casos de abuso de uma criança por um familiar, é um tanto mais simples teorizar o desprazer a ser evitado pelo desmentido, que tem a ver com as próprias consequências de retaliação a que se pode sofrer. Ferenczi declara que "Quase sempre o agressor comporta-se como se nada tivesse acontecido e consola-se com a ideia: 'Oh, é apenas uma criança, ainda não sabe nada dessas coisas e acabará esquecendo tudo isso'" ([1933b] 2011, p. 91).

A complexificação da compreensão desse desmentido se dá quando pensamos em um outro que não é esse agressor, seja uma outra pessoa, ou um discurso social. Uma vez que não se é o responsável pela agressão infligida, qual a necessidade de se esquivar de um desprazer?

Retomando a ideia exposta anteriormente, o pacto social regula certos limites de agressões a serem toleradas, por meio da compreensão de uma intimidade suposta entre vítima e agressor, o que dá a este último o "direito de agredir". Essa formulação expõe as bases do desmentido como uma ideia social. Qualquer posicionamento diferente exigiria uma reação, um combate àquilo que não é aceitável pelos limites do que o Ego não suportaria em consequência à estranheza.

Desse modo, uma pista para entendermos profundamente o mecanismo do desmentido seria a defesa contra um incômodo que demandaria uma ação, o que dialoga muito bem com a questão da omissão. Recusa-se a responsabilidade para com o sofrimento do outro, que nada tem a ver consigo, a lógica de que "é melhor não se envolver".

Embora essa compreensão justifique-se perfeitamente pelo caminho da economia das pulsões, outro elemento deve ser considerado, não em contrariedade, mas em acréscimo. A tendência a destruir aquilo que se lhe é estranho é um reflexo do contato do psiquismo com um fenômeno externo que lhe cause estranhamento, e o estranho é aquilo a que o inconsciente já conhece de suas experiências primitivas e deveria estar recalcado.

Ocorre que o impulso agressivo não é o único conteúdo psíquico recalcado. Experiências como a dor e a impotência, por seu intenso desprazer, tendem a ser igualmente afastadas da consciência. A exposição à experiência traumática do outro pode evocar esses causadores de desprazer e fazer com que o sujeito buscado para acolhimento sofra junto com o agredido. O desmentido, desse modo, culmina por ser o recurso psíquico que afasta do campo de percepção os possíveis disparadores de tal desprazer, tanto da pessoa do sujeito que não almeja entrar em contato com suas dores, quanto da sociedade que não deseja que sejam expostas suas feridas sociais.

Compreensão ético-político dos impulsos silenciadores

Até aqui, objetivei desvelar o funcionamento da agressão e do silenciamento como reflexos da constituição psíquica geral. Entretanto há uma razão para a qual Ferenczi, acompanhado de seus discípulos e dos pesquisadores atuais de sua teoria, apresenta tais elementos como algo a ser combatido de nosso discurso. O potencial adoecedor da agressão e do desmentido, tanto isolados quanto em conjunto, é devastador. Mas, por outro lado, a depender do contexto, usar da energia agressiva é necessário, visto que a pulsão precisa fluir de algum modo. Um bom exemplo são as lutas por causas sociais, visto que, conforme o ditado popular, "não se faz revolução com guerra de travesseiros".

O desmentir, visto também como um mecanismo de defesa do psiquismo contra o profundo desprazer, embora potencialmente destrutivo em contextos de trauma, pode assumir outro status quando se pensa em seu caráter ativo, de "afirmar que não aconteceu nada" (Ferenczi, [1930] 2011, p. 91), quando pensamos no combate a fake news disfarçadas como liberdade de expressão, a discursos xenofóbicos, ou mesmo na autopreservação em ambientes nos quais um embate seja improdutivo, pensando-se no caráter passivo.

Em consulta ao dicionário on-line *Michaelis*, encontram-se as seguintes definições para o termo "desmentir":

> 1) Declarar que são falsas as afirmações de alguém; desdizer. 2) Afirmar o contrário do que se disse antes; contradizer-se, refutar. 3) Não corresponder a; destoar de, divergir de. 4) Não agir em conformidade com algo. 5) Fazer deslocar(-se) das juntas; desarticular(-se), desconjuntar(-se), luxar(-se) (2024, s/p).

O desmentido como negação perversa da dor de quem sofre um trauma corresponde claramente à primeira definição. Trata-se da negação da realidade psíquica e material do outro. Entretanto, ao tomar-se esta como a única dimensão desse recurso psíquico, corremos um sério risco de apassivamento frente às demais situações às quais somos apresentados ao longo de todo o caminho, tanto como analistas, quanto como seres humanos e cidadãos. A escuta atenta e empática, de sentir com o outro, demanda um investimento pulsional que dificilmente caberia como posição contínua ao longo de muito tempo.

Como a psicanálise trabalha com conceitos, por vezes pode parecer mais apropriado utilizar-se quaisquer outros termos voltados à conscientização e à educação para pensar em situações de embate contra narrativas agressivas ou à questão da autopreservação. Ocorre, entretanto, que embora a compreensão de perversão em psicanálise não corresponda a um olhar moral, o desmentido enquanto "negação perversa", sutilmente assume esse caráter moralizante.

O ato de desmentir como desautorizar a experiência, dizer que ela não aconteceu, ou que ela representa algo diferente do compreendido, quando em face à dor do outro, com certeza acarreta consequências devastadoras. Por outro lado, desmentir narrativas falsas é tão essencial quanto denunciar os desmentidos sociais que tais narrativas acarretam em si.

Proponho um exemplo a partir da conceituação proposta por mim sobre fake news como um sintoma da atualidade:

> É um desdobramento da alucinação em pensamento formal e pronúncia da palavra adquirida por mimetismo, que ainda faz a manutenção do sentir-se onipotente. Do mesmo modo, algumas pessoas, no ímpeto pelo estado de satisfação onipotente, escolhem disseminar ou acreditar em textos que expressam concordância com seus desejos e anseios, independentemente de que eles estejam ou não de acordo com uma verdade apoiada no campo material. Trata-se de um estado da perversão, no qual a criança considera apenas as palavras que convergem com seu desejo, desconsiderando a existência de quaisquer outras (Oliveira, 2024, p. 97).

Aqui se expõe a disseminação de fake news como um sintoma, que, com base na clínica ferencziana, faz a manutenção da sensação de onipotência infantil perdida (Ferenczi, [1913b] 2011). Em termos analíticos, tal sentimento de onipotência é passível de tocar no outro aquilo que foi há muito recalcado, entretanto, diferentemente da dor, a onipotência, assim como a agressão, é prazerosa, o que explica tanto a disseminação da desinformação em um tempo histórico onde o acesso à informação é tão amplo, bem como a multiplicidade de elementos construídos socialmente para que tais disseminações sejam aceitas acima da linha do recalque.

Se o desmentido, no contexto fer021ziano, diz respeito a comunicar a não existência de uma experiência de quem sofreu um trauma, e é tão devastador por ter o poder de provocar na vítima uma espécie de curto circuito, visto que ela mesma passa a acreditar nessa não existência, mas continua a sentir os efeitos do seu choque, em um contexto como o descrito no parágrafo anterior, esse mesmo recurso do desmentido não seria aplicável?

Pode se justificar essa proposição como a denúncia do desmentido praticado pelo outro, visto que além de sintoma, as fake news podem ser lidas como um desmentido social frente ao conteúdo sobre o qual estão se debruçando. Entretanto proponho outra lógica: é preciso desmentir quem desmente.

CONTRIBUIÇÕES DA TÉCNICA ATIVA

> — *O Sensei disse para ter atitude e ir com tudo, e eu ainda estou tentando descobrir o que isso quer dizer.*
>
> — *Bom, acho que significa o que parece.*
>
> — *O que?*
>
> — *Tem que agir.*
>
> *(Diálogo entre Miguel e Tory, da série Cobra Kai)*

Desde a passagem do período pré-psicanalítico ao século 20, com a alvorada de uma psicanálise como teoria, técnica e método de pesquisa, muitos de seus elementos mudaram, foram revistos ou evoluíram de alguma forma. Algo, porém, que permanece como prioridade até os dias atuais é a "regra fundamental". Sobre esse assunto, Ferenczi ([1921] 2011, p. 407) postula: "Todo o método psicanalítico assenta na 'regra fundamental' formulada por Freud, ou seja, a obrigação para o paciente de comunicar tudo o que lhe vem ao espírito no decorrer da sessão de análise".

O que os primeiros psicanalistas denominaram como regra fundamental também é chamado na literatura psicanalítica de associação livre, o discurso espontâneo do paciente sob o qual o psicanalista irá ter acesso aos fragmentos do inconsciente liberados pelas múltiplas possibilidades descritas na teoria — lapsos, resistências, negações etc. Segundo Ferenczi ([1926a] 2011, p. 411): "na realidade, nunca se pode chegar à 'convicção' pela via da inteligência, que é uma função do ego".

Kupermann (2017, p. 132) relembra-nos a contribuição de Anna O. para esse avanço tão significativo da técnica psicanalítica:

> *Lembrar dói*, em bom português, e o tratamento consistiria em favorecer a recordação, bem como a sua elaboração, purificando o psiquismo dos seus excessos traumáticos (catarse significa purificação). Estava inventada a *talking cure*, como a esperta Anna O. apelidou o tratamento, ou a sua "limpeza de chaminé" (grifo do autor).

E continua:

> [...] a palavra que detém o saber sobre a origem dos sintomas e do sofrimento patológico passa a ser a palavra do doente, e não mais a do médico. É Anna O. quem fala. A Breuer coube o mérito de escutar. E o paciente passa a poder falar acerca de um saber que não se sabe... Eis aí a Psicanálise! (Kupermann, 2017, p. 133).

"Eis aí a Psicanálise!". A psicanálise, em sua essência, vem ao encontro da necessidade de fala presente no ser humano. É sabido que os sintomas têm uma relação de intimidade com o não dito, tão logo, partindo da constatação de Anna O., desenvolveu-se uma teoria (em constante atualização) pautada pelo inconsciente que se acessa através da associação livre. A princípio é possível cair facilmente no engano de considerar a regra fundamental como um procedimento simples. Quanto a isso, seguimos com o alerta de Kuperman, considerando a complexidade do conteúdo e do destino da fala:

> Pode-se perceber desde já que o primeiro problema levantado nessa aula, *quem fala?*, nos remete a dois outros problemas que lhe são irremediavelmente intrincados: *do que ou de quem se fala; e a quem se fala.* Essa tripla problemática, pode-se dizer, encerra tudo que importa na constituição do campo psicanalítico (2017, p. 129, grifo do autor).

Reconhecendo-se que a fala é marcada pelo inconsciente e endereçada a alguma imago pré-concebida, a relação analítica irá permitir o ressurgimento do não dito a partir da relação transferencial. "Nesses processos, acontece com extraordinária frequência ser 'recordado' algo que nunca poderia ser 'esquecido', porque nunca foi, em alguma ocasião, notado - nunca foi consciente" (Freud, [1914a] 2006, p. 164), possibilitando o reposicionamento do sujeito, até então refém da trava em sua fala. Em outras palavras, o paciente ganha uma segunda chance de responder àquela experiência recalcada por meio da fala e do testemunho da pessoa do analista.

Com a exposição da demanda, a psicanálise revela-se como técnica para lidar com os elementos psíquicos provenientes do recalcamento. Algo, porém, que não pode ser desconsiderado nesse cenário é a própria organização inconsciente que faz a manutenção do sintoma pela via das resistências. Em outras palavras, mudar dói, é desconfortável, ou, segundo Kuperman (2017), "saber dói". Desse modo, o paciente cria uma organização frente à associação livre para manter-se distante de conteúdos inconscientes desagradáveis. Ferenczi ([1919b] 2011, p. 407) aponta:

> Entretanto, quando ele [o paciente] foi educado, não sem dificuldades, a obedecer à risca a essa regra, pode acontecer que a sua resistência se aposse precisamente dessa regra e que ele tente derrotar o médico com suas próprias armas.

Por "derrotar o médico com suas próprias armas" não se deve considerar que o paciente adentra a relação transferencial com o desejo de fracasso, mas que o inconsciente resiste às mudanças almejadas através de pequenos hábitos no campo da repetição, como afirma Ferenczi ([1919c] 2011, p. 4): "Essas atividades, que poderia supor inofensivas, são, com efeito, suscetíveis de tornar-se o refúgio da libido despojada pela análise de seus investimentos e, nos casos extremos, podem substituir toda a atividade sexual do sujeito".

Outra possibilidade é que a estagnação da análise ocorra após alguns avanços, quando a lembrança se torna sacrificante:

> Freud assinalou que o sucesso terapêutico constitui, com frequência, um obstáculo ao aprofundamento da análise; eu mesmo o constatei em vários casos. Se, no decorrer do tratamento analítico, os mais penosos sintomas da neurose desaparecem, pode acontecer que os sintomas mórbidos ainda não resolvidos pareçam menos penosos, aos olhos do paciente, do que prosseguir o trabalho analítico, frequentemente trabalhoso e frustrante. Assim, quando o "remédio fica pior do que a doença", o paciente apressa-se a interromper o tratamento (muitas vezes impelido também por considerações de ordem material) e concentra seu interesse na vida real, que já o satisfaz (Ferenczi, [1914b] 2011, p. 173).

Frente a essas dificuldades impostas pelo inconsciente, Ferenczi percebeu que, em alguns casos, a passividade no exercício da regra fundamental não era suficiente para o rompimento com as repetições. Tudo se iniciou com a paciente do caso "Dificuldades técnicas de uma análise de histeria", publicado em 1919, no qual o autor se deparara com uma análise estagnada. Até o momento o recurso conhecido para tais dificuldades era a fixação de um prazo limite para o término da análise, adotado em 1914 com o homem dos lobos (Freud, [1918] 2006). Após experimentar esse recurso e o conseguinte fracasso, Ferenczi reconsiderou e adotou uma nova postura frente à análise:

> Neste caso, fui levado a abandonar o papel passivo que o psicanalista desempenha habitualmente no tratamento, quando se limita a escutar e a interpretar as associações do paciente, e ajudei a paciente a ultrapassar os pontos mortos do trabalho analítico intervindo ativamente em seus mecanismos psíquicos (Ferenczi, [1919c] 2011, p. 7).

Após essa experiência, segue-se um longo período em sua clínica em que Ferenczi convida seus pacientes às mais diversas condutas ativas, com muitos sucessos e fracassos. Dada sua vasta experiência, estabeleceu um conjunto de práticas as quais nomeou como técnica ativa:

> Daí em diante, foi esse o procedimento que resolvi designar pelo termo de "técnica ativa", que, por conseguinte, significava uma intervenção ativa muito menos por parte do médico do que por parte do paciente, ao qual era agora imposta, além da observância da regra fundamental, uma *tarefa* particular (Ferenczi, [1921] 2011, p. 120, grifo do autor).

A técnica é pautada na ideia de que a estagnação da análise, decorrente do esfalfamento das associações, tem origem na retirada libidinal do trabalho analítico em nome de satisfações substitutivas e autoeróticas.

> Naturalmente, esse deslocamento era o resultado e o indício de uma crise na relação transferencial e o analista tinha então como tarefa descobrir para que terreno a libido se deslocará e mobilizá-la a fim de que ela se tornasse novamente disponível para um trabalho fecundo (Balint, 1967, p. 26).

Dessa forma, Ferenczi entendia que o analista deve estar atento ao surgimento de possíveis conflitos inconscientes no paciente, de modo a fazer com que a libido desviada à satisfação substitutiva seja restabelecida à associação livre e à relação transferencial. Assim a atividade resulta na intensificação do investimento, lançando luz à formação de compromisso e fazendo com que o ato autoerótico responsável pelo escoamento libidinal se torne manifesto. Assim o uso da técnica ativa pode ser direcionado em duas formas: "O analista pode convidar o paciente a não se entregar mais ao hábito em questão, em outras palavras, a renunciar à satisfação indireta de seus desejos recalcados; ou, ao contrário, pode encorajar o paciente a desfrutá-la aberta e livremente" (Balint, 1967, p. 26).

O analista espera, através do uso da técnica ativa, dar início a uma elevação na tensão libidinal no paciente, abrindo caminho para a tomada de consciência do conteúdo recalcado, que se desdobra em uma auto-rização do prazer pela moção anteriormente recalcada e na tomada de controle dessa moção pelo Ego. Outra consequência observável através do exercício da técnica ativa é o restabelecimento do curso natural das associações em análise.

O contexto da técnica ativa é ampliado com a fala de Freud ([1914a] 2006, p. 166): "Enquanto o paciente se acha em tratamento, não pode fugir a esta compulsão à repetição; e, no final, compreendemos que esta é a sua maneira de recordar", na compreensão de que se a compulsão à repetição é inevitável, a estimulação à atividade do paciente possibilita novos caminhos.

Se, por um lado, Freud mostrava-se preocupado com as interdições e orientações do que deveria ser evitado no exercício da psicanálise e dele-gando o exercício ao "tato", temos Ferenczi constantemente ocupado em promover à comunidade psicanalítica as possibilidades de ações no *setting*. A convergência dessas ideias, quando lida de forma contextualizada, possibilita pensar uma práxis muito mais eficaz.

Em nome dessa convergência entre as possibilidades e limites, o analista deve sempre estar atento aos excessos, seja por parte das limi-tações do paciente, seja por seu próprio narcisismo, como orienta Freud ([1912] 2006, p. 131-132): "o médico deve controlar-se e guiar-se pelas capacidades do paciente em vez de por seus próprios desejos", ou o pró-prio Ferenczi ([1925] 2011, p. 371):

> O analista age sobre os seus pacientes à maneira do déspota que não ama ninguém e a quem todo mundo ama; tal como este, assegura-se do apego do analisando ao interdizer-lhes certos modos de satisfação correntes, e a influência assim adquirida vai servir-lhe para elucidar o material recalcado e, finalmente, para dissolver esse mesmo apego.

Em vista da saúde da relação transferencial, o analista deve obser-var que "Em geral pode-se formular o limite da atividade permitida da seguinte maneira: são admitidos todos os modos de expressão que não obriguem o médico a sair do seu papel de observador e de conselheiro benevolente" (Ferenczi, [1926a] 2011, p. 407-408).

A associação livre x a técnica ativa

Ao falar-se em posição ativa no *setting* analítico, seja por parte do analista que estimula, seja por parte do paciente que é convidado à ação, há um possível conflito: até a inserção da técnica ativa, a descrição da associação livre apontava para um caminho de total passividade. Sobre isso, Ferenczi ([1921] 2011, p. 117) esclarece:

> Desde a introdução por Freud da "regra fundamental" (a associação livre), os fundamentos da técnica psicanalítica não sofreram nenhuma modificação essencial. Sublinharei desde já não ser esse tampouco o objetivo de minhas propostas; pelo contrário, sua finalidade era e continua sendo colocar os pacientes em condições de obedecer melhor à regra de associação livre com a ajuda de certos artifícios e assim chegar a provocar ou a acelerar a investigação do material psíquico inconsciente.

E prossegue:

> Conforme já expus em outro trabalho, desde que certas opiniões seguras e realmente válidas tenham se cristalizado nele, é necessário que sua atenção se concentre nelas e que, após madura reflexão, se decida comunicar ao paciente uma *interpretação*. Mas tal comunicação já constitui uma intervenção ativa na atividade psíquica do paciente (Ferenczi, [1921] 2011, p. 118, grifos do original).

A partir da exposição dos argumentos de Ferenczi, pode-se observar que a postura ativa está presente no *setting* analítico. A ideia de não atividade em um nível absoluto só teria efeito real no estado de morte. Do contrário, o simples encontro dos pares já representa um convite à ação. Freud ([1937b] 2006, p. 276) diz que: "Sua tarefa é a de completar aquilo que foi esquecido a partir dos traços que deixou atrás de si ou, mais corretamente, *construí-lo*". Ferenczi ([1921] 2011, p. 133, grifos do original), em outro momento, alerta:

> Ao sublinhar as diferenças (e, em partes, as antinomias) entre os métodos de tratamento e as modificações mencionadas, por um lado, e a técnica ativa, por outro, não procuro negar, em absoluto, que uma utilização irrefletida das minhas proposições possa facilmente conduzir a uma distorção da análise numa das direções adotadas por Jung, Adler ou Bjerre, ou faça regredir para a terapia catártica.

É necessário para a compreensão de tal advertência a contextualização da prática da técnica ativa com o momento vivido por Freud e Ferenczi na comunidade psicanalítica. Os relatos experienciais de Ferenczi com a técnica apresentavam práticas ousadas, como as interdições impostas à paciente de 1919 ou as *Fantasias provocadas* de 1924. A má interpretação da técnica ativa pode colocar um analista — e o paciente — em situações difíceis, como exposto pelo autor em seu texto "Contraindicações da técnica ativa" (Ferenczi, [1926a] 2011).

Para lidar com a técnica ativa com menor potencialidade de risco, deve-se revisitar três pontos da relação analítica: as intervenções devem sempre acontecer em forma de convites; qualquer ação, considerando seu desconforto, deve ocorrer de um modo que não prejudique a relação transferencial e não existe um roteiro de quais "ações" devem-se provocar no paciente, sendo elas fruto da atenção flutuante.

O primeiro ponto remete à definição de Balint, exposta anteriormente, após longos estudos teóricos e práticos sobre o uso da técnica ativa. A liberdade do paciente é sempre um elemento de grande valor e digno de respeito, não devendo o analista agir contra ela, correndo-se o risco, caso aja de forma contrária, de cometer grave falta ética e possibilitando consequências prejudiciais a ambos e à transferência.

Seguindo essa ideia, temos o segundo ponto importantíssimo: a transferência. Ferenczi ([1925] 2011, p. 364, colchetes meus) diz que: "Entre outras, [os pacientes] tinham a coragem de exprimir associações e lembranças profundamente enterradas e de, na situação de transferência, progredir para um nível que jamais poderiam ter atingido antes". O *setting* analítico é permeado de convites por parte do analista e ações por parte do paciente, e o primeiro deve guiar seus convites à ação conforme as capacidades tanto do paciente quanto da transferência, podendo sim progredir para um nível que jamais poderiam ter atingido antes, ou, como afirmou Freud ([1914a] 2006, p. 169), "Toda vida, o instrumento principal para reprimir a compulsão do paciente à repetição e transformá-la num motivo para recordar reside no manejo da transferência".

Assim sendo, é possível sim promover grandes ações sem excesso, desde que a transferência esteja fortemente estabelecida. Ferenczi dá-nos prova disso com "Fantasias provocadas" ([1924a] 2011), porém, se tais ações forem suscitadas sem a sólida relação transferencial, poderão representar riscos ao paciente e/ou à continuidade da análise. De grandes a pequenas ações, a referência sobre suas aplicações será sempre a solidez da transferência. Quanto a isso, Kupermann (2017, p. 22) considera:

> Na sua perspectiva, a empatia exercitada pelo analista está referida à capacidade de se deixar afetar pelo sofrimento do analisando, e também à capacidade de afetá-lo, a partir do sentido produzido pela ressonância estabelecida entre o seu corpo pulsional e o corpo pulsional daquele.

Quanto ao terceiro ponto, é sabido que cada análise é única. Mesmo que a experiência auxilie para que cada novo atendimento ocorra com maior fluidez, a subjetividade do paciente deverá ser sempre lembrada. Desse modo, os relatos de Ferenczi representam ótimos exemplos sobre as possibilidades da técnica ativa, mas não devem, em nenhuma hipótese, ser reproduzidos em forma literal, mas atualizados e adaptados para o contexto trabalhado.

Aliando-se a associação livre e a técnica ativa com a devida observação das orientações apresentadas, chegar-se-á à eficácia da técnica, como descreve Ferenczi ([1921] 2011, p. 134, grifos do original):

> A eficácia da técnica ativa talvez se explique, em parte, pelo aspecto "social" da terapia analítica. É um fato bem conhecido que a confissão feita a outra pessoa produz efeitos mais profundos e mais intensos que a autoconfissão, o mesmo acontecendo entre a análise e a autoanálise. Foi em data muito recente que um sociólogo húngaro, Kolnai, avaliou essa ação em seu justo valor. Quanto a nós, conseguimos aumentá-la ainda mais quando induzimos um paciente não só a reconhecer moções profundamente escondidas, mas a *convertê-las em atos diante do médico*.

Considerando-se o fator "confissão", que é uma possibilidade promovida amplamente pela associação livre, a técnica ativa é um estímulo para que o paciente traga à transferência os elementos que por alguma razão permaneceram ocultos na análise estagnada, pois "não se pode vencer um inimigo ausente ou fora de alcance" (Freud, [1914a] 2006, p. 168).

As possibilidades terapêuticas para a clínica atual

Após compreender-se o funcionamento da técnica, voltamos às questões práticas e suas potencialidades na transferência. Para a ilustração, segue um pensamento de Karnal:

> Adão e Eva comeram da árvore do conhecimento, cujo fruto pronto e maduro se apresentava. O conhecimento, na tradição judaica, é uma obrigação, um dever imposto aos homens. Mas o conhecimento é o fruto do esforço, do contínuo aperfeiçoamento, da luta pelo esclarecimento. Tomar o conhecimento pronto e maduro não é o verdadeiro conhecimento, mas apenas a vaidade de possuí-lo. Esse é o outro fundamento do erro: o atalho. Sem luta interna, sem uma guerra consigo (física e psíquica), o conhecimento é vazio. O saber nasce da luta e não do conhecimento em si. O caminho é o conhecimento. A luta por saber é o saber (2017, p. 21-22).

A afirmação do historiador é interessante ao sentido reflexivo da análise. Na análise, o analisando fala. Fala de algo, e fala à pessoa do analista. Uma vez se tratando do campo das representações mentais, ou *imagos*, o paciente fala de si ao analista, que, por vezes, agirá como um reflexo para que o primeiro possa se ver através do segundo. Dentre tantas definições possíveis sobre a prática clínica da psicanálise, poderá considerar-se aqui esse processo como um despertar do paciente a partir da apropriação de fragmentos de saber sobre si.

Assim sendo, considera-se que a verdadeira análise só é possível quando há um movimento do analisando em direção a esse conhecimento, uma posição ativa na relação analítica, caso contrário, receberá apenas um saber pronto do analista, que não será apropriado. Freud ([1937b] 2006, p. 283) alerta que: "Se a construção é errada, não há mudança no paciente, mas se é correta ou fornece uma aproximação da verdade, ele reage a ela com um inequívoco agravamento de seus sintomas e de seu estado geral".

> Desse modo, o analista estará, através de suas intervenções, constantemente conduzindo o paciente a ações em um sentido da apropriação do saber de si. "Esse trabalho consistiria em libertar o fragmento de verdade histórica de suas deformações e ligações com o dia presente real, e em conduzi-lo de volta para o ponto do passado a que pertence" (Freud, [1937b] 2006, p. 286).

Considerando o constante caráter ativo do paciente, necessário à análise, a orientação ferencziana aponta que: "Não existe, de fato, nenhum tipo de neurose ao qual a atividade não possa eventualmente ser aplicada" (Ferenczi, [1921] 2011, p. 128), porém, o analista, guiado pelo tato, limites do paciente, e transferência, deve compreender que o uso de ações fortes não pode ser constante: "O ponto essencial continua sendo o *emprego excepcional* desse artifício técnico, que é apenas um auxiliar, um complemento pedagógico da análise propriamente dita e jamais deve pretender substituí-la" (p. 126, grifo do autor); devendo ser sucedido pela associação livre: "A técnica ativa não tem outra finalidade senão revelar, pela ação, certas tendências ainda latentes para a repetição e ajudar assim a terapêutica a obter esse triunfo um pouco mais depressa que antes" (p. 135); e obedecendo aos limites da ética: "Entretanto, o médico nunca deve despertar no paciente expectativas a que ele não pode nem deve responder; tem a obrigação de responder até o fim do tratamento pela sinceridade de cada uma de suas declarações" (p. 131).

Em se tratando de estagnações, momentos da análise que possivelmente exigirão ações mais intensas, e considerando o possível aumento de resistências causado pela técnica ativa, lembra-se em Freud ([1914a] 2006, p. 170) que "Só quando a resistência está em seu auge é que pode o analista, trabalhando com o paciente, descobrir os impulsos instintuais reprimidos que estão alimentando a resistência", e assim, revelando-se o material psíquico oculto que alimenta a transferência, Ferenczi ([1924a] 2011, p. 267) orienta:

> É preciso conduzir o paciente até o ponto em que se torne capaz de suportar as próprias fantasias sem descarga masturbatória e de adquirir consciência dos sentimentos e dos afetos de desprazer a elas vinculados (desejo violento, cólera, vingança, etc.) sem ser obrigado a convertê-los em "sentimentos de tensão" histéricos.

Assim, seja leve ou intensa a resistência, seja sutil ou grandiosa a ação, a técnica ativa surge na literatura psicanalítica como um meio para o pensar das ações adotadas pelos analistas. Para a clínica atual pode ser considerada, não uma técnica à parte, mas um elemento da própria relação analítica, presente desde as pequenas interpretações aos grandes convites a fantasias e interdições, possibilitando a devida apropriação do saber, e até mesmo da relação com o não saber, por parte do analisando.

Considerações

A técnica ativa surge em um momento de grandes descobertas no campo psicanalítico e, devido ao contexto altamente experimental no qual a psicanálise se fundou, a leitura literal dos relatos e métodos descritos possibilitava uma prática guiada por excessos, motivo pelo qual muitos se opuseram a ela, e também pelo que o próprio Ferenczi se ocupou em deixar diversas orientações éticas, dentre elas as principais são o respeito aos limites do paciente e à relação transferencial.

Como em todas as áreas da psicanálise, ao lidar com a subjetividade, é impossível estabelecer de forma exata os momentos ou escalas de limites permitidas para o convite à ação, devendo o analista recorrer ao tato, no sentido freudiano, que só pode ser desenvolvido no conjunto de estudos teóricos, experiência e análise do analista.

Considerando-se o caráter constante do convite à ação, o analista que desenvolve a capacidade de manejar tais convites e somando-se à capacidade de formular interpretações, amplia-se seu leque de possibilidades para promover avanços à análise do sujeito.

O limite entre o ousar do analista e o excesso remete à crítica de Anna Freud (1978), em um sentido de que muitos analistas tendem a manter em sua prática uma posição de reprodutores, sem real ousadia no exercício da técnica. O uso da técnica ativa frente às dificuldades na análise, além de todas as recomendações éticas, só poderá ocorrer frente à capacidade ousada do analista de ousar, assim como nossos "pais criadores".

QUAL É A ROUPA DO ÉDIPO NO BRASIL DO SÉCULO 21?

Que a vida é como mãe
Que faz o jantar e obriga os filhos a comer os vegetais
Pois sabe que faz bem.
E a morte é como o pai
Que bate na mãe e rouba os filhos do prazer
De brincar
Como se não houvesse amanhã.

(Trecho da canção Amianto, de Supercombo)

Não é segredo que o modelo do complexo de Édipo freudiano, do menino que se apaixona pela mãe e rivaliza com o pai, de fato, não responde às questões da atualidade quando se leva em conta a pluralidade de modelos de família e relações primárias. Na verdade, é possível questionar se a disseminação de tal modelo não se dá por um outro elemento narcísico, do próprio Freud, que escreveu a seu amigo Fliess, em carta de 15 de outubro de 1897, "Descobri, também em meu próprio caso, me apaixonar por mamãe e ter ciúmes do papai, e agora considero um acontecimento universal do início da infância" (Masson, 1986, p. 251).

Nomeado como "complexo de Édipo", inspirado pelo mito de Sófocles, o Édipo Rei, Freud generaliza sob sua experiência infantil o conflito das relações primárias que barra o primeiro amor de uma criança. Assim, o complexo de Édipo surge "no exato momento do nascimento da psicanálise" (Roudinesco; Plon, 1998, p. 167), sendo considerado o "complexo nuclear das neuroses" (Freud, [1919a] 2006, p. 253), ou seja, a base do sofrimento neurótico, que será transferido às relações posteriores.

Aqui, pretendo demonstrar o funcionamento do coração do complexo de Édipo, peças da cultura como atravessamentos que o tornam um fenômeno sociopolítico, bem como elementos que possibilitam uma leitura pluralizada e contextualizada frente à diversidade de elementos históricos e geopolíticos possíveis.

Édipo, recalque e cultura: noções iniciais

No referido cenário freudiano, o menino apaixona-se por sua mãe, que é fonte de todo o prazer, amparo e realização, mas ela pertence a outro homem, o pai. Esse pai marca seu território, impedindo o menino de possuir a mãe. Em resposta à impossibilidade de possuir o objeto materno, o menino reprime esse desejo primitivo e proibido em seu inconsciente, o que dá origem a um elemento muito importante no complexo de Édipo, o recalque, mecanismo que:

> [...] designa o processo que visa manter no inconsciente todas as ideias e representações ligadas às pulsões e cuja realização, produtora de prazer, afetaria o equilíbrio do funcionamento psicológico do indivíduo, transformando-se em fonte de desprazer (Roudinesco; Plon, 1998, p. 647).

Ainda sobre o recalque, Freud descreve que:

> [...] para o instinto [pulsão], a fuga não tem qualquer valia, pois o ego não pode escapar de si próprio. Em dado período ulterior, se verificará que a rejeição baseada no julgamento constituirá um bom método a ser adotado contra um impulso instintual. A repressão [recalque] é uma etapa preliminar da condenação, algo entre a fuga e a condenação ([1915b] 2006, p. 151, colchetes meus).

Nesses termos, observa-se que o recalque, como produto do complexo de Édipo, constitui um recurso psíquico de adaptação do sujeito ao seu meio. Em seu livro *O mal-estar na civilização*, Freud ([1930] 2006) esclarece o recalque como a origem do mal-estar constitutivo da humanidade enquanto tal. É necessário que certos desejos individuais sejam sacrificados em nome do convívio comum.

Por um lado, o recalque como fonte de adoecimentos psíquicos, visto que a pulsão recalcada retorna em forma de sintoma, por outro, o indispensável mecanismo de adaptação social. Nesse ínterim, apenas um ano após *O mal-estar na civilização*, Alice Balint, psicanalista húngara, publicou seu rico estudo traduzido na língua portuguesa como *Psicanálise da infância* ([1931] 2022), e que, em termos da construção cultural do complexo de Édipo, há um comentário que demanda destaque:

> A civilização urbana moderna trouxe mudanças para o ambiente da criança, que intensificaram as dificuldades

> de superar os obstáculos no caminho do desenvolvimento humano [...]. Os sinais mais significativos dessa modificação são a maior necessidade, para a criança urbana, de cuidado e proteção de seus pais, e a maior tensão entre a pulsão e as demandas da moral e do decoro. Podemos acrescentar como um terceiro fator importante que, somado à maior (ou seja, mais duradoura) dependência dos nossos filhos, evoca a necessidade, antes inédita, de que, quando sua educação for concluída, eles se tornem, tanto quanto possível, independentes dos pais tanto nas questões materiais quanto nas psíquicas. Antigamente, todo o modo de vida, as ocupações da geração mais jovem, até mesmo sua casa, não se alteravam em relação aos da anterior, e o indivíduo só era compelido a trocar o primeiro objeto amoroso infantil por outro, em prol da manutenção do ambiente familiar; mas os jovens de hoje, em nossa civilização urbanizada, devem se acostumar com um nível de instabilidade em todos esses aspectos (Balint, [1931] 2022, p. 113-114).

Aqui a autora, em cenário europeu dos anos 1930, já observava uma questão crucial para a leitura do recalque como elemento da cultura: múltiplos cenários acarretam singularidades nos modos de recalcamento. Ao olhar de A. Balint, os avanços urbanos implicavam em uma maior vulnerabilidade das crianças aos sofrimentos neuróticos, dadas as fragilidades dos vínculos — mudanças de residências, de cuidadores, amigos e pais trabalhadores com pouco tempo disponível aos filhos — e o excesso de vigilância. Nesse prisma, a psicanalista defendia a ideia de que rotina, somada a um certo afrouxamento da supervisão à criança, ou como chamou, a "elasticidade do recalque" (Balint, [1931] 2022), seria um elemento de estímulo à criatividade subjetiva frente ao recalque, como se observava nas crianças do meio rural.

Ainda com A. Balint, é possível exercitar a reflexão de que não apenas os modos de recalque mudam frente às diferentes formas às quais a sociedade se apresenta. A cena edípica é composta pela relação triangular, sujeito, mãe (cuidador/objeto do desejo) e pai (castrador), permeada pelo cenário da cultura. Para além do recalque, que é uma resposta do sujeito frente à barragem do desejo, a cena cultural também interfere nos modos com os quais os adultos exercem seus papéis no complexo de Édipo.

A construção cultural do objeto do desejo: maternidade e higienismo

Uma vez que o fundamento do complexo de Édipo é o desejo por um objeto primário (o objeto materno), cabe a interrogação acerca desse objeto de desejo proibido, e sua função constituída na cultura.

Embora a leitura demande ser realizada em consonância com a atualidade, o exercício da maternidade é impregnado de heranças históricas. Dentre elas, o movimento higienista da primeira metade do século XX se destaca como a mais profunda interferência da sociedade brasileira no exercício da maternidade, e que, em termos de heranças históricas, não é cronologicamente distante o suficiente para uma dissipação de suas ideias.

Apoiado na luta contra a mortalidade infantil, o movimento higienista se consistiu na mobilização de autoridades médicas, órgãos governamentais e empresas privadas, em campanhas educativas acerca do exercício da maternidade, o que também consolidou a pediatria como especialidade médica no Brasil. A influência desse período é descrita por Maria das Graças Sandi Magalhães em sua tese "Medos, mimos e cuidados: uma história dos guias maternos da primeira metade do século XX" (2021), na qual apresenta uma análise de diversos guias maternos da época.

Em sua análise acerca dos títulos que compunham a iniciativa de educação puerperal, Magalhães identificou elementos de inferiorização das mães, o que acarreta a desvalidação de sua autoridade. Este movimento é apontado em sua análise, onde descreve:

> O tratamento diminutivo em relação às leitoras – mãezinhas – também é um dos aspectos das representações sobre as mulheres, as quais necessitariam da tutela masculina para os aspectos primordiais da vida, nesse caso, para a assimilação dos conselhos médicos sobre a criação dos filhos. Sob o ponto de vista do higienismo, essa tarefa se transformaria no principal sentido da existência feminina (Magalhães, 2021, p. 114).

Para além do comentário apresentado pela autora considerando os diminutivos, um exame geral sugere que os médicos desqualificavam a capacidade das mulheres para o exercício de uma função que, até então, era considerada exclusivamente feminina. Uma questão paradoxal se instaura: qual motivação a cultura — representada por homens e seus interesses, consequentemente, uma cultura machista — teria para interferir na maternidade? Ressalta-se que o paradoxo vem da situação na qual os homens determinam, via autoridade médica, os modos de exercício da maternidade, sem, no entanto, quererem tomá-la para si.

Em análise do cenário, Junia Pereira pontua:

> A puericultura seria um saber a ser ensinado às moças nas escolas e a ser praticado pelas mães, e a pediatria seria o saber especializado, atributo do médico e daquele profissional de ciência, conselheiro da mãe e da professora. Portanto o que se vê como desdobramento social, nesse caso, é uma divisão de saberes perpassada por uma divisão de gênero (2008, p. 104).

As questões do sexismo e da dominação masculina não são novas, entretanto, a particularidade de tal intervenção frente à maternidade carrega mais mistérios, uma vez que não se está falando de uma mera relação linear entre homem e mulher-objeto a serviço da satisfação masculina. Se a questão são "mães inexperientes", como o movimento higienista faz parecer, não seria estranho pensar acerca dos ensinamentos transmitidos entre mulheres mais experientes e jovens mães. Aqui o discurso médico assume um outro tom, como se pode notar na seguinte passagem d'O livro das mamães:

> Diante da comadre, o médico é o "inimigo", quasi vampiro, sedento de vidas infantis. Mas a tia velha, a vizinha, a benzedeira asquerosa – a comadre – afinal, está sim, é a bôa amiga da criança e dos pais, a quem inspira a mais cega confiança. [...] E com essas falsas noções sobre a ciência e a experiência dos antigos, sobre a robustez e a longevidade de outrora, vão se abeberando as mães incipientes, para depois transmitirem os mesmos erros, as mesmas crendices, os mesmos ameaçadores conselhos, ás filhas, ás netas e ás futuras vizinhas. Precisamos todos nós opôr um dique á esta avalanche (Almeida Jr.; Mursa, 1933, p. 156-157).

É curioso que, em defesa de cuidados baseados na ciência, os autores combatam a influência de mulheres sobre outras mulheres com um discurso tão moralizante. Em contraposição à hipótese de uma defesa do puerpério pautado na ciência pediátrica, outros argumentos denunciam a falta de isenção que encobre o sexismo. Um deles, segundo Magalhães (2021), é que os guias não se atinham apenas ao cuidado médico e às orientações acerca de alimentação e tratos de doenças, mas também a questões comportamentais, defendendo a ideia de caminhos específicos na educação das crianças e desconsiderando tanto o tato da mãe quanto a subjetividade do comportamento infantil.

Outro ponto é o desrespeito às questões do corpo da própria mulher quanto à amamentação, como se segue no seguinte trecho d'*O livro das mãezinhas*[12]:

> A mãe que nega o seio ao filho não merece a estima de ninguém, nem o nome de MÃE. Um grande médico dizia já há muitos anos: "O seio e o coração da mãe não se substituem", e hoje, muito tempo passado, a medicina ainda não conseguiu um alimento superior ao leite de peito (Piza, 1937, p. 12).

Embora um longo período tenha se passado desde os anos 1930, tendo os avanços da ciência e da medicina proporcionado fórmulas de alimentação a bebês e desqualificando a crítica embasada em fatores nutricionais, e também ao entendimento plural de que a relação de vínculo entre mãe e bebê nasce dos cuidados manuais (Winnicott, [1945] 2021) e função de espelho (Winnicott, [1971] 2019), ou seja, a capacidade de transmitir emoções faciais ao bebê, e não obrigatoriamente do contato físico do seio, o pensamento de indignação frente a mãe que, por algum motivo, recusa a amamentação, ainda se faz presente mesmo em dias atuais.

Por fim, a suspeita de motivações que extrapolam os cuidados científicos no presente cenário se dá a partir do guia *Conselho ás mães*, de Eula Long (1926). De todos os guias analisados por Magalhães, *Conselho ás mães* é o único de autoria feminina. Eula foi uma mulher taubateana que estudou artes no Randolph-Macon Woman College, de Lynchburg, Estados Unidos, e casou-se com um pastor metodista tendo vivido no Rio Grande do Sul entre 1914 e 1934.

Embora não tenha se graduado em medicina, a intelectual redigiu seu guia em consonância com as orientações pediátricas, muitas vezes citando-as, entretanto, de todas as obras descritas, *Conselho ás mães* foi a que teve a menor tiragem, o que representa, em termos de análise do campo editorial (cf. Magalhães, 2021), menor receptividade do público.

Nesse sentido, observa-se para além do cenário de clássica dominação machista da sociedade, o exercício desse controle sobre tarefas relegadas ao feminino. O combate à influência das "comadres", a baixa

---

[12] É importante salientar que *O livro das mãezinhas* era distribuído gratuitamente pelo Departamento de Saúde de São Paulo como parte de uma campanha educativa sobre puerpério.

receptividade a um guia escrito por uma mulher e a propagação da culpa como elemento de confronto às desobediências caracterizam o que, na psicanálise de Sándor Ferenczi, nomeia-se como desmentido, "a negação, a afirmação de que não aconteceu nada, de que não houve sofrimento" ([1931] 2011, p. 91).

O efeito do desmentido é a clivagem do sujeito, que fica desvitalizado. É curioso, em termos do complexo de Édipo freudiano, partir do entendimento que a mãe é o objeto de desejo da criança, pois a condição de objeto não é outorgada meramente pela percepção infantil, mas a própria cultura se incumbiu de apresentar a mãe ao filho como um objeto destituído de vitalidade e aspirações próprias. Ainda segundo Ferenczi:

> [...] estabelecemos e impusemos às mulheres um ideal feminino que exclui a possibilidade de exprimir e reconhecer abertamente desejos sexuais, e só tolera a aceitação passiva, ideal que classifica as tendências libidinais, por muito pouco que elas se manifestem na mulher, nas categorias patológico e "vicioso" ([1908] 2011, p. 2).

O pai, até então, pouco aparece. Se do complexo de Édipo freudiano a função é apenas de barrar o desejo da criança pelo objeto mãe, no processo materno regido pelo movimento higienista ele se torna o mero fiscal do cumprimento do discurso médico, representante de outros homens que ditam a lei, entregando, em uma espécie de voyeurismo, a mulher como objeto de desejo à cria, até que seja a hora de tomar o doce dado à criança, que, por sua vez, sem nada conhecer do mundo, assume o papel de carrasco, conforme o relato de uma interlocutora das "Consultas Práticas de Pediatria": "26. Hontem me transmitiu meu marido a inflexível sentença do doutor: terei que amamentar meu filhinho, que aguardo. Perderei então os divertimentos? Persistirei atada à boca do meu algozinho? Mande-me uma palavra..." (Figueira, 1919, p. 311).

Por outro lado, mesmo com elementos de um discurso social que condena a mãe a tal condição, não se deve considerar que essa posição era aceita, pelas mães da época — e também as atuais — com total passividade. Magalhães observa que ao longo de três décadas os médicos insistiam veementemente no combate à influência das comadres, apontando que "na década de 1950, alguns guias maternos ainda faziam referência à influência perniciosa das comadres – indício de que a disputa pelo 'aconselhamento' das mães não chegara ao fim?" (2021, p. 117).

Submeter-se à norma estabelecida pela cultura da época, mas, segundo tais indícios, não de forma completa. Segundo Freud ([1908] 2006), as civilizações organizam-se em torno de duas linhas de conduta: a "moral sexual civilizada", que consiste no conjunto de comportamentos que devem ser exercidos frente à sociedade; e uma segunda moral, de cunho privado, na qual compreende-se que certos comportamentos, condenáveis aos olhos da primeira moral, são toleráveis, desde que não se apresentem publicamente. É onde essas mulheres podiam, de alguma forma, expressar e exercer sua subjetividade. O que os olhos não veem o coração não sente — ou talvez sinta em dobro.

Existe o pai?

Embora o exame do higienismo no Brasil tenha se atido à influência sobre o exercício da maternidade, é de conhecimento geral que o movimento, iniciado na Europa, tinha por objetivo a redução da mortalidade infantil, visto que as forças militares dos países estariam diminuindo. Nesse sentido, a moral civilizada que determina às mulheres o papel de cuidarem bem das crianças, descritas repetidamente nos guias maternos como "o futuro da nação", determina também, de forma subliminar, o papel do homem como soldado que vai à guerra, que pode ser metaforizado no homem forte, valente e provedor.

O conservadorismo direciona os desdobramentos do ser homem e do ser mulher em duplos que se amalgamam de uma forma peculiar: o ser sexual, que se une ao parceiro do gênero oposto, e o ser mãe/soldado com funções supostamente sociais. Nietzsche, em *Assim falou Zaratustra*, declarou que:

> O homem é, para a mulher, um meio: o fim é sempre o filho. Mas o que é a mulher para o homem? Duas coisas quer o verdadeiro homem: perigo e brinquedo. Por isso quer a mulher, como o mais perigoso brinquedo. O homem deve ser educado para a guerra e a mulher, para o descanso do guerreiro: tudo o mais é tolice. O guerreiro não gosta de frutos demasiado doces. Por isso gosta da mulher; a mais doce das mulheres é ainda amarga. Melhor do que o homem entende a mulher as crianças, mas o homem é mais infantil que a mulher ([1883] 2014, p. 61).

É interessante salientar o quanto o papel do soldado pode se sobre-por ao pai, visto que muitos homens que foram às guerras deixaram suas famílias, em paralelo com o cenário atual, no qual um abandono paterno é tolerável, conquanto um abandono materno é condenável.

Por outro lado, o discurso da norma social não é totalmente efetivo, uma vez que mudanças históricas ocorreram diversamente através da cronologia do mundo. Nesses termos, a ideia de que "Ninguém nasce mulher: torna-se mulher" (Beauvoir, [1949] 2019, p. 11), para além da mulher como vítima da determinação social, pode ser lida como uma reorganização das pulsões em um movimento de concomitante oposição e conciliação com as imposições da cultura, fazendo do objeto de desejo edípico do bebê, muito mais do que "apenas" a mãe, mas um sujeito desejante.

Já ao pai do Édipo, ao qual cabe a posição de soldado, e a quem é tolerado o afastamento de forma natural, a função que lhe resta é a barragem do desejo da criança à mãe, como o soldado que chega a uma terra estrangeira e toma as riquezas de seu povo nativo. A paternidade afetiva não se faz presente no discurso da norma cultural. Desse modo, enquanto a maternidade é exigida à mulher pela sociedade, muitas vezes em sacrifício da pluralidade de seu desejo, ou seja, é predeterminada, a paternidade afetiva e presente, quando existente, é resultado de uma construção, o que também se opõe à regra.

Mas qual seria o interesse da sociedade em normatizar o lugar do homem como soldado? Freud já afirmara que "os seres humanos desejam e buscam, constantemente, poder, dinheiro e sucesso" ([1930] 2006, p. 81). Nesses termos, a função de um soldado é ir à guerra, e com a guerra espera-se obter algum ganho, poder, dinheiro, sucesso... O ponto é que, nesse cenário, o ganho de um povo representa a perda de outro, seja de sujeito versus sujeito, povo versus povo, ou mesmo de alianças entre diversos povos.

Ainda em termos da orientação da humanidade para uma organização militar de sociedade, a divisão sexista das funções mãe-soldado deixa algumas sombras. Seria raso alegar que a orientação se dá apenas por questões de força física como se faz parecer no discurso machista, considerando-se tanto as histórias de mulheres guerreiras na cultura, quanto o avanço tecnológico das guerras, que não mais exigem o uso de força muscular. A única base biológica plausível para tanto seria a questão da fecundidade, considerando-se que um homem pode fecundar um grande número de mulheres, conquanto uma mulher só pode engravidar de um homem por período. Todavia, esta "base biológica" se contrapõe totalmente à moral e aos bons costumes do discurso normativo da monogamia, o que denuncia, no mínimo, o funcionamento hipócrita da base de determinação dos papéis.

Se a norma mãe-soldado estabelece o sujeito padrão como homem, heterossexual e emocionalmente indisponível (soldados tem que ser durões), e mulher, heterossexual, e emocionalmente disponível e acolhedora, quaisquer modos de existência que escapem a isto são, em maior ou menor grau, oposições à regra. Uma vez que é uma conduta "ideal", é consequentemente impossível. Àqueles que não se alinham com a norma, e que não exercem o confronto à regra social, resta a fuga para a segunda moral velada, ou seja, no exercício secreto de suas subjetividades.

Voltando a Alice Balint, para além do recalque, outra forma interessante de resolução do conflito entre o desejo e a barragem do mundo externo merece atenção: a identificação. Para A. Balint, a identificação é um recurso que dialoga diretamente com a transferência, e também com o amor, visto que um sujeito vive experiências primárias que deixam marcas, e causam uma profunda impressão. A partir disso, a tendência é identificar o que foi impresso no psiquismo em suas novas experiências, levando a respostas emocionais semelhantes às ligadas à experiência original. "A identificação pode, portanto, ser considerada como uma fuga do mundo externo – realizada por meio de uma transformação cada vez maior do mundo externo em uma porção do nosso ego" (Balint, [1931] 2022, p. 89). Entretanto a adaptação à realidade pela via da identificação pode causar um tipo particular de prejuízo, como se segue:

> Sabemos que a identificação elimina um sentimento agressivo e rebelde e o faz tornando uma poderosa impressão externa parte do nosso próprio ego. Isso é precisamente o que a criança faz com os mandamentos e proibições a que é obrigada a obedecer, de modo que termina acreditando que está seguindo sua própria vontade (Balint, [1931] 2022, p. 99).

Logo, a identificação como recurso para o conflito entre o desejo e a norma social empobrece o mundo interno do sujeito. Isso é perceptível através da análise de fanatismos de quaisquer naturezas, como a recente onda bolsonarista vista em cenário brasileiro: uma vez que o sujeito se identifica com a norma imposta, que se toma ela como parte de si, perde-se de sua própria subjetividade e visão crítica acerca do tema identificado.

Como outra possibilidade, A. Balint também ressalta a identificação, não com a norma enunciada, mas com o enunciador, que por vezes não respeita as regras do sistema por ele propostas. Isso dá margem às condutas hipócritas que defendem cegamente regras as quais o próprio sujeito não pratica, traço comum às lideranças de movimentos como o citado no parágrafo anterior.

É possível compreender que, por um lado, a norma é imposta pela cultura, por outro, as personagens do complexo de Édipo desempenharão seus papéis de acordo com seu modo particular de administrar o conflito entre o desejo e a norma. Alguns poderão se identificar cegamente com os papéis impostos, tornando-se mães alienadas à função e pais durões e distantes, até mesmo abandonadores (pela via da presença emocional, física, ou um abandono por vias de fato). Outros poderão constatar a hipocrisia do discurso e se identificar com ela, criando uma fachada de pais devotados, que, na intimidade, permanecem priorizando seus próprios desejos e negligenciando os filhos.

Por fim, aos que resistem à normatização, seja por força própria ou pelo discurso da norma se apresentar a eles de forma mais branda[13], restam duas opções: o sintoma ou a reinvenção criativa. Mães ou soldados podem cumprir suas funções sob profundo sofrimento pelo abandono de tudo que lhe é próprio, ou criar novas formas de ser mãe/pai. Aqui cabe retomar que embora o cenário se pluralize com o avanço das décadas, vestígios da norma do complexo de Édipo permanecem, onde à mãe cabe o papel de objeto, e o pai não existe. Pensar uma maternidade que respeite e considere a subjetividade da pessoa que exerce a função materna, bem como uma paternidade afetiva e presente por parte de quem exerça este outro papel são formas de amor revolucionárias.

Qual é a roupa do Édipo?

Na teoria freudiana do desenvolvimento psicossexual ([1905] 2006), é descrito que o amor edípico que a criança desenvolve pelo objeto materno é concomitante ao autoerotismo, ou seja, a capacidade de obter a satisfa-

---

[13] Não é segredo que as normas sociais se impõem com menos rigor a certas classes favorecidas.

ção das pulsões pelo próprio corpo — as famosas "fases psicossexuais", oral, anal e fálica.

Embora nosso foco não esteja em questões da sexualidade ou narcisismo, é importante salientar que o desejo pelo objeto materno se desenvolve em concomitância com o autoerotismo. É por desejar esse primeiro objeto externo que o sujeito começa a interessar-se por elementos que estão fora de si.

Em segundo momento, após a passagem do primado autoerótico, é importante que este desejo pelo objeto materno também seja barrado. É pela impossibilidade da saciedade absoluta, da posse do objeto e da falibilidade dele, que a criança compreenderá o convívio na civilização tal qual como é, podendo assim desenvolver recursos para administrar o conflito entre o desejo e as impossibilidades impostas pela realidade.

Assim, a castração é o ato de barrar o desejo de uma criança por seu objeto materno. Enquanto ela deseja possuir de forma absoluta a mãe ou figura que cumpra essa função, algum elemento externo — onde Freud compreendeu a função do pai — se encarregará de transmitir uma mensagem: "ela é apenas sua mãe, e é só isso que você poderá ter. O restante você nunca terá". É nessa divisão do objeto de desejo que a castração passa a ser compreendida como divisão simbólica (Lacan, [1957-1958] 1999), e que somos inseridos em um mundo de satisfações apenas parciais, quando possíveis.

Após a castração, Freud ([1905] 2006) postula que a criança entra em período de latência, e assim, seu desejo por objetos externos recuará, até que na puberdade volte a dirigir sua pulsão a novos objetos. A proposição freudiana é questionável tanto em termos de uma latência das pulsões, quanto no complexo de Édipo pautado em um único evento específico. A exemplo, Lacan ([1957-1958] 1999) conceituou sua leitura do complexo de Édipo em três tempos, nos quais: 1) a figura paterna surge de forma velada (existe alguém além da mãe); 2) o pai é reconhecido pela mãe como um objeto de seu desejo, ou seja, o poder é dado pelo objeto materno; 3) por fim esse pai intervém com seu próprio poder incidindo a castração.

Ainda com Lacan, um outro salto se dá no estudo do complexo de Édipo, que é o conceito de "nome-do-pai" ([1955-1956] 1988), que indica que esta função de incidir a castração pode ser desempenhada de diversas formas, por pessoas ou mesmo outros elementos da realidade externa, e não obrigatoriamente pelo pai da tradicional família burguesa. A proposição lacaniana justifica a ideia do pai-soldado que se ausenta, visto que, mesmo na ausência da figura paterna, a castração pode ser bem-sucedida. O pai real inexistente ainda pode corroborar na atuação de um pai simbólico, que é capaz de operar a castração apenas por seu nome.

De Freud a Lacan, no tema específico do complexo de Édipo, aproximadamente cinco décadas os distanciam. O nome dado por Freud ao processo do primeiro desejo dirigido a um objeto da realidade externa e à consequente barragem foi inspirado no cenário observável de seu meio e tempo, e em seus aspectos autobiográficos, conforme descrito anteriormente. Do mesmo modo a atualização lacaniana vem do cenário francês dos anos 50, altamente influenciado pela conquista feminina do direito ao voto no ano de 1944 e pelo movimento estruturalista que se manifestava através da filosofia, antropologia, linguística, e pela própria psicanálise de orientação lacaniana.

Quanto à questão do complexo de Édipo feminino, cumpre-se dizer que sempre foi um impasse na construção teórica de Freud, que declara que:

> De acordo com sua natureza peculiar, a psicanálise não tenta descrever o que é a mulher — seria esta uma tarefa difícil de cumprir —, mas se empenha em indagar como é que a mulher se forma, como a mulher se desenvolve desde a criança dotada de disposição bissexual ([1932-1933] 2006, p. 144).

Se o complexo de Édipo descrito por Freud consiste no bebê que deseja o objeto do colo e seio, rivaliza com a figura masculina, e após ter seu desejo barrado, buscará um outro objeto substitutivo, a formação do feminino permanece obscura. A rejeição do "complexo de Electra" (Jung, [1913] 2014), como contrapartida na qual a menina desejaria o pai e rivalizaria com a mãe, é bem pontuada, visto que qualquer bebê, via de regra, irá primeiro para o colo materno. Entretanto o vácuo deixado na questão do complexo de Édipo feminino permanece.

Nesse sentido, Freud tenta dar resolução à questão a partir do conceito de "inveja do pênis" ([1920b] 2006), compreendendo que "A menina se comporta diferentemente. Faz seu juízo e toma sua decisão num instante. Ela o viu, sabe que não o tem, e quer tê-lo" ([1925] 2006, p. 314). Desse modo, sob a compreensão freudiana, a menina fascina-se com um órgão genital que não possui, e por essa paixão, trilhará o caminho do desejo pelo masculino. Entretanto não é preciso muito para constatar os equívocos dessa afirmação, conforme nos demonstra Beauvoir ([1949] 2019, p. 16-17):

> Primeiramente, há muitas meninas que ignoram, até a idade avançada, a anatomia masculina. A criança aceita naturalmente que haja homens e mulheres como há um sol e uma lua: ela acredita em essências contidas nas palavras e sua curiosidade não é a princípio analítica. Para muitas outras o pedacinho de carne que pende entre as pernas do menino é insignificante e até irrisório; é uma singularidade que se confunde com as roupas e o penteado.

Aqui cabe adicionar à discussão uma observação de Alice Balint. Segundo a autora, em ocasiões nas quais o pai não foi bem-sucedido em incidir a castração, e a criança fica com o caminho livre para o objeto de desejo materno, outro obstáculo pode surgir, o não reconhecimento da sexualidade por parte da mãe.

> Enquanto a ansiedade de castração se relaciona ao pai, sob o efeito do complexo de Édipo, a deterioração indulgente resulta em uma importante mudança no conteúdo dessa ansiedade. Se não há oposição, o menino sente que o principal perigo vem da mãe, e não do pai – pois é ela quem, ao não o tratar como um parceiro sexual pleno, abala sua confiança em si mesmo. Ele não pode ser um homem de verdade se sua mãe não o aceita como tal (Balint, [1931] 2022, p. 75).

Desse modo, é possível introduzir a noção do não reconhecimento também como elemento influenciador no amor edípico. No segundo tempo do Édipo lacaniano é ressaltado que é a mãe quem reconhece o pai como um objeto de seu desejo, o que direciona a questão a um campo, não mais de mãe objeto, mas, mesmo que subliminarmente, vislumbra o papel ativo do objeto materno na formação do sujeito.

Também é relevante salientar que, em cenários do Édipo da família burguesa, é concernente que a menina não fosse reconhecida como uma parceira sexual por parte da mãe, o que abre as portas para pensar na questão do reconhecimento materno como elemento de base para os desdobramentos de orientação sexual, identidade de gênero, e aspectos masculinos e femininos de personalidade. Uma vez que raramente no curso de formação de um sujeito os fenômenos se alinham sob uma única perspectiva, ou seja, dificilmente uma criança terá total acesso ao reconhecimento como ser sexual ou será totalmente negada pela mãe, na alternância entre as posições, finalmente é possível encontrar consonância com as ideias de Freud quando declara:

> É essencial compreender claramente que os conceitos de "masculino" e "feminino", cujo significado parece tão ine-quívoco às pessoas comuns, estão entre os mais confusos da ciência. [...] Tal observação mostra que nos seres humanos a masculinidade pura ou feminilidade não se pode encontrar nem num sentido psicológico nem num biológico. Todo indivíduo, ao contrário, revela uma mistura dos traços de caráter pertencentes a seu próprio sexo e ao sexo oposto e mostra uma combinação de atividade e passividade, con-cordem ou não estes últimos traços de caráter com seus traços biológicos ([1905] 2006, p. 226).

Assim, cumpre-se dizer que o complexo de Édipo precisa ser lido de maneira plural, visto que não se trata de um fenômeno intrafamiliar, mas algo cultural e extremamente relacionado com o contexto de sua época. Outro desdobramento possível é pensar a hipótese do machismo estrutural da sociedade como o reflexo do desejo de controlar o desejo da mulher (mãe) frente ao reconhecimento do ser infantil como parceiro sexual. Nesses termos, é compreensível a existência tanto de homens quanto mulheres machistas, dado que inicialmente ambos são barrados pelo não reconhecimento por parte da mãe.

O Édipo, a linha da vida e a estrutura da sociedade

Tendo Freud observado as relações do desejo e castração de acordo com certos períodos do desenvolvimento, infância e puberdade, há ainda mais um elemento a ser considerado em termos de saltos cronológicos, uma vez que a compreensão acerca de infância e adolescência mudam con-forme os avanços da história. Nesse eixo, Carneiro (2021, p. 191) esclarece:

> Outra forma de se pensar a infância e a adolescência seria entendê-las como categorias construídas pelo homem, jamais naturais e óbvias, mas significadas a partir de certos usos, práticas, crenças e discursos, servindo a certas finali-dades também criadas. Nessa perspectiva, o interessante é a desconstrução das categorias enquanto naturalizadas, justamente para que possamos extrair dessa construção uma nova construção, uma nova forma de as dizer. Se a infância e a adolescência são vistas como construções humanas,

> então seu tempo não é já vetorizado *a priori*, seu destino não caminha para a tendência favorável – maturidade – apesar do sujeito, porque é justamente o sujeito, e apenas a partir dele que será criada a possibilidade de significação da trajetória.

A autora contesta um elemento vital para a defesa do complexo de Édipo como um elemento sociopolítico. Se as formas de confrontar a barra do desejo para a inserção no mundo civilizado estão ligadas a certas etapas do desenvolvimento, e a classificação de infância e adolescência são elementos socialmente construídos[14], mais uma vez é possível vislumbrar a interferência da norma social, desta vez, sobre o protagonista do complexo de Édipo. Seguindo esse raciocínio, outro argumento de Carneiro merece destaque:

> A média de vida antes da modernidade era tão menor, a mortalidade infantil tão corriqueira, e tão necessária a força de trabalho, que logo que a criança fosse capaz de participar da vida produtiva, lá estava ela inserida no mundo dos adultos sem todas as diferenças que a modernidade impôs. O jovem, que nós chamamos de adolescente hoje, por sua vez, tendo um corpo apto à reprodução e participando da vida produtiva, não era nada além do que um adulto jovem (2021, p. 192).

Aqui soma-se à discussão um ponto que amarra, não apenas a atualização do Édipo entre Freud e Lacan, mas que também determina a necessidade de atualização constante do fenômeno ao longo da história. A expectativa de vida cresceu desde os tempos antigos, e, via de regra, continua a crescer. Todavia, se em tempos do início do calendário gregoriano as pessoas raramente chegavam aos 40 anos de idade, a média de 80 anos que vigora nos tempos atuais não inclui meramente mais 40 de vida idosa.

O alargamento da expectativa de vida acarreta também no alargamento das fases do desenvolvimento. Uma infância mais longa, o acréscimo da adolescência como um prolongamento da vida pré-adulta, a classificação de jovens adultos, meia-idade. Uma pessoa de 60 anos de idade atualmente consegue ser um membro ativo da sociedade. E se o período de duração da infância muda, o modo de viver o complexo de Édipo responde a essa mudança.

---

[14] Sociedades diversas, em termos de tempo histórico e geografia, determinam diferentes faixas etárias e ritos de passagem entre as fases do desenvolvimento, tendo como objetivo a condição adulta.

Poderia aqui levantar-se o argumento de que o Édipo variável conforme o alargamento da expectativa de vida seria uma adaptação a um fenômeno biológico, entretanto, por trás dessa biologia há, novamente, a influência da cultura, com avanços em termos de qualidade de vida, de cura de doenças, entre tantas outras coisas que são produzidas pela busca mítica da pedra filosofal e do elixir da vida.

Por outro lado, os atores que compõem a cena edípica da criança pertencem a outra geração. Quanto mais rápidos são os avanços da sociedade frente aos saltos geracionais, maior é o descompasso entre a educação praticada pelos adultos e a construção subjetiva da criança, considerando-se o Édipo também em sua dimensão cultural, que acarretará a exposição da criança a elementos da atualidade frente à forma atrasada com a qual desenvolveu suas relações primárias.

Postas as questões nesses termos, fica evidente a impossível tarefa de educar (Freud, [1937a] 2006). Em termos de regras e manuais, resta aceitar que "Há muita coisa mais no céu e na terra [...] do que sonha nossa pobre filosofia" (Shakespeare, [1603] 2000, p. 46). O Édipo veste a roupa da cultura de seu tempo. E no recorte abordado, essa roupa poderia ser lida como uma farda do soldado que combate a família com sua falta afetiva[15].

Se a estática de elementos não é possível, dada a velocidade superior dos fenômenos frente à categorização, a alternativa é a compreensão, não mais de um recorte exaustivamente dissecado, mas do movimento em si. Em outras palavras, se a sociedade se renova mais rápido que a capacidade de análise de seus elementos, a alternativa é a análise do funcionamento dos próprios modos de avanços.

Para findar e ecoar

Chegamos ao fim desta exploração teórica com uma perspectiva potencialmente desanimadora. Se, por um lado, é explícito que os elementos da cultura do tempo atravessam as relações primárias da criança com seu meio, por outro, reconheço que este perpasse acontece em uma velocidade superior à capacidade de análise de quem vive neste tempo, o que dificulta o estabelecimento ou atualização de um conceito em tempo de uso de sua atualidade.

---

[15] Devo essa fala à contribuição de minha amiga, professora Christiana Paiva, que gentilmente leu este texto em primeira mão.

Entretanto, como contribuição ao trabalho do psicanalista, ressalto que, no caráter artesanal de uma análise, a capacidade de interpretar e possibilitar construções junto ao paciente se faz em tempo presente. Os conceitos, em psicanálise, surgem como resultados das investigações psicanalíticas, em tempo posterior.

Desse modo, nossos ganhos estão em observar os elementos comuns do Édipo que perpassam os saltos históricos. O primeiro ponto é que um sujeito se faz em sociedade, em convívio com outros, ou seja, sempre haverá relações que atravessam a formação na infância, seja a família burguesa, seja uma família alternativa, onde os papéis não são bem definidos ou circulam entre várias pessoas.

O segundo ponto a ser destacado é que há um objeto de desejo primário, que é a pessoa que prestará os primeiros cuidados e afetos ao bebê, e a quem ele se ligará de forma mais profunda, e que, conforme o terceiro ponto, será barrada. O grande diferencial é que, conforme a teoria de Alice Balint, o que barra o sujeito é o não reconhecimento, por parte da mãe/mulher/cuidador primário como parceiro sexual, podendo ser a figura do homem/pai um coadjuvante opcional nesse processo. O objeto de desejo não será totalmente acessível ao sujeito, o que fará com que ele dirija suas pulsões a novas formas de existir no mundo.

Por mais variações históricas que se possam dar, a regra com seu peso esmagador de maioria é a de que o bebê é acolhido e cuidado no colo de uma mulher. A superestimação dada à figura paterna ao longo dos desenvolvimentos psicanalíticos não revela uma verdadeira importância de sua participação nesse processo, mas sim seu temor ao poder feminino de marcar profundamente a identidade das crianças e, por consequência, interferir no curso da sociedade.

Desse modo, tanto o modelo do complexo de Édipo já não mais nos serve, como possíveis reformulações sustentando esse nome apenas continuam a marcar o controle do homem sobre a mulher. Parece-me mais adequada a ideia de um *complexo de Salém*, dado o poder quase místico que a mulher tem de operar a castração, direcionando consideravelmente a formação do psiquismo de suas gerações posteriores, somada ao desejo que o sujeito tem por ela como seu objeto de cuidados primários — as bruxas eram mulheres de sexualidade espontânea, o que era interpretado como elemento de sedução aos que não tinham qualquer controle crítico por sua sede sexual —, o temor a esse poder — elas também eram detentoras de saberes incompreensíveis à sociedade comum, como as curas por ervas e outros elementos da alquimia —, expresso pelo autoritário controle masculino do mundo e do discurso social que incide sobre os corpos femininos e, sobretudo, do ódio às mulheres, expressão do desejo de possuir algo inacessível, que termina por queimar na fogueira aquela que negou a saciedade do desejo.

É interessante considerarmos, somado a isto, certo movimento dos grupos sociais, em que os homens geralmente se mostram muito unidos e leais uns aos outros, conquanto as mulheres se relacionam de forma competitiva. O fato de a mulher ser detentora de tal poder mencionado, de operar a castração tanto dos meninos quanto das meninas pela via do não reconhecimento do sujeito como parceiro sexual, faz com que o ódio a ela venha não apenas dos homens, mas também das mulheres[16].

Por fim, inspirado no argumento de Alice Balint, compreendo que a elasticidade entre os fazeres necessários para que um sujeito possa desenvolver-se e a possível preservação de aspectos do desejo e da sub-jetividade é o alvo do trabalho psicanalítico, que não deve afastar-se das lutas sociais contemporâneas. Independentemente do tempo, esta será nossa revolução.

---

[16] Devo aqui um agradecimento especial a Ludmilla Pitrowsky, querida amiga, que ao fazer a leitura do manuscrito para a escrita do prefácio, instigou-me dizendo que a argumentação deste capítulo merecia uma proposta disruptiva com o complexo de Édipo tal como é, e a Mariana Helloá, que me corrigiu e instruiu quanto à forma de pensar e me expressar sobre as bruxas.

AS BEM-AVENTURANÇAS DE UMA INFÂNCIA SAUDÁVEL

Um amigo de fato, venha me construir

Venha derramar sua luz, me faz brilhar

Você entendeu a mensagem, não se esqueça dela

Vamos rir e chorar até morrermos.

(Mapei, Don't Wait)

A prática da psicanálise incorre em um risco, enunciado em "Análise terminável e interminável" (Freud, [1937a] 2006). Ao mencionar os três ofícios impossíveis — educar, governar e psicanalisar —, Freud aponta a dificuldade em exercer a psicanálise sem ceder-se às aspirações vaidosas do poder sobre o outro, bem como da admiração e idealização vindas do paciente.

Nesse sentido, as reflexões de Ferenczi são constantemente evocadas para que possamos pensar nas possibilidades de execução de uma análise em meio aos obstáculos próprios do psiquismo do analista, dos aprisionamentos intelectuais nos contextos de formação, da realidade cultural de cada geografia e cada sujeito, e, não menos importante, na subjetividade do paciente, em um sentido de que a teoria e a técnica devem servir ao percurso do paciente, e não ao propósito de confirmar teorias já estabelecidas.

Reconhecido por Jacques Lacan como "o mais autêntico interrogador de sua responsabilidade de terapeuta" ([1966] 1998, p. 232), Ferenczi ocupou-se por décadas em construir uma técnica conforme os aspectos supracitados. Um de seus textos mais emblemáticos acerca dessa discussão é "Elasticidade da técnica psicanalítica" ([1928c] 2011), onde ele apresenta, ao final, a devolutiva crítica de um colega[17], que subscrevo a seguir:

---

[17] Trata-se de Sigmund Freud.

> "O título (Elasticidade) é excelente", declarou este crítico, "e mereceria receber uma aplicação mais ampla, pois os conselhos técnicos de Freud eram essencialmente negativos. O que lhe parecia ser o mais importante era ressaltar o que não se deveria fazer, assinalar as tentações que surgiam na contracorrente da análise. Quase tudo o que se deve fazer de positivo, ele relegou ao tato que você mencionou. Mas o resultado assim obtido foi que os sujeitos obedientes não perceberam a elasticidade dessas convenções e se submeteram a elas como se fossem leis-tabus. Era preciso que isso viesse a ser revisto um dia, sem anular, evidentemente, as obrigações ([1928c] 2011, p. 41).

O tato, mencionado no trecho destacado, "é a faculdade de 'sentir com'" ([1928c] 2011, p. 31), a empatia, já tão comentada na revisão da teoria ferencziana. Por outro lado, vê-se que os aspectos positivos, ou seja, as ações por parte do psicanalista, embora estejam presentes cotidianamente em nossos consultórios, ainda são pouco comentadas. A advertência de Ferenczi de que "guardamos zelosamente para nós mesmos as lições que tiramos de nossas experiências com o objetivo de parecermos sábios e infalíveis aos olhos de nossos pares" ([1900] 2022, p. 39), abre portas para pensarmos no medo acerca da confissão pública de nossos estilos próprios fora do sigilo das análises pessoais e supervisões, dado o poder dos pares, da comunidade psicanalítica, de sentenciar tais estilos como "não psicanalíticos".

Na ousada clínica do psicanalista húngaro, o elemento mais comentado em suas últimas obras é a questão do acolhimento terno pela via da empatia, entretanto, uma passagem que merece especial atenção acerca desse estilo clínico é a constatação de que "esses neuróticos precisam é ser verdadeiramente adotados e de que se os deixe pela primeira vez saborear as bem-aventuranças de uma infância normal" (Ferenczi, [1930] 2011, p. 77).

Recordo-me de uma sessão com um paciente, um jovem rapaz, à época, graduando em psicologia, e entusiasta da teoria ferencziana. Nossa transferência se construiu de forma bem descontraída e bem-humorada. Em dado momento, ele perguntou-me sobre a especificidade de um manejo inspirado em Ferenczi, e foi exatamente essa passagem, mencionada no parágrafo anterior, de "Princípio de relaxamento e neocatarse" que me ocorreu. Proporcionamos ao paciente as bem-aventuranças da infância que lhe foram roubadas. Entretanto não é possível proporcionar tal situação permanecendo-se adulto. É claro que, até aqui, podemos vislumbrar traços característicos da clínica winnicottiana, do brincar em análise, entretanto, o estilo aqui comentado possui nuances próprias, como demonstro a seguir.

Empatia, bondade e furor sanandi

Como promover as bem-aventuranças de uma infância saudável?[18]. Esta é uma questão de milhões, como diria a sabedoria popular. Pela via da empatia é possível compreender que esse fenômeno ocorre em nossas clínicas, pela simples constatação do percurso dos pacientes traumatizados que de alguma forma perlaboram suas experiências traumáticas. Entretanto a descrição técnica é mais complexa. Em nota de 13 de março do *Diário Clínico*, Ferenczi declara:

> Converto-me, de certo modo, num símbolo vivo de bondade e sabedoria, cuja simples presença curava e repunha as coisas em ordem. R. N.[19] também dizia coisas desse gênero nos momentos de acalmia e no final das fases de luta. Inserir esse "curar" na psicoterapia de maneira que convém e no lugar certo não é certamente uma tarefa inteiramente indigna ([1932] 1990, p. 91).

Embora as pistas oferecidas pela descrição clínica sejam valiosas, o "curar" de Ferenczi foi, por muito tempo, questionado com base na crítica ao *furor sanandis* (Freud, [1912] 2006), a aspiração intensa e apaixonada pela cura, que pode levar o analista a um manejo equivocado.

Segundo Roizman (2023), o que está implícito nesse furor é "uma forma obsessiva de amor na medida em que haveria uma necessidade de curar rapidamente" (p. 27), o que, em termos precisos, contrapõe-se à proposta de Ferenczi ([1928c] 2011), que alerta "que a capacidade de exercer essa 'bondade' significa apenas um aspecto da compreensão analítica", e acrescenta: "Antes que o médico se decida a fazer uma comunicação, deve primeiramente retirar por um momento sua libido do paciente e avaliar a situação com frieza: em nenhum caso deverá deixar-se guiar só por seus sentimentos" (p. 32).

Aqui encontramos um eixo norteador para os aspectos afetivos do analista em exercício da técnica, que pode ser considerado como um ele-

---

[18] Compreendendo-se saudável como um substituto contemporâneo adequado ao adjetivo da normatização, utilizado no original de Ferenczi.

[19] Sigla utilizada por Ferenczi em seu *Diário* para se referir a Elisabeth Savern.

mento constitutivo da empatia: a libido do analista, de fato, deve estar no paciente, entretanto, em momentos estratégicos, conforme exposto por Ferenczi no trecho anterior, ela deve ser retirada. Uma análise conduzida sem investir-se o paciente com seu interesse é uma análise sem vida; entretanto, não saber retirar esse investimento em momentos estratégicos incorrerá no *furor sanandi*. Nunca se deve guiar *só* pelos sentimentos, considerando-se que eles também não podem estar excluídos da equação.

Nesse sentido, se compreendermos o excesso de bondade, ou o *furor sanandi*, como esse investimento contínuo, fica claro o como ele não converge com a empatia, o "sentir com", visto que essa noção prevê uma postura dinâmica, que varia conforme os elementos da análise, sem permanecer-se em uma posição obsessiva. Quando Ferenczi nos fala, acerca de sua análise com R. N., que a simples presença de um verdadeiro símbolo de bondade é capaz de curar, em face à compreensão de que a bondade não se confunde com uma excessiva condolência, cabe interrogar-nos sobre em que consiste essa "bondade" que cura pela presença.

A amizade e a legitimidade do analista

Nos diálogos de *A República*, Platão (2003) fala sobre as formas de poder no exercício da política. Jacques Rancière, filosofo francês, sistematiza a leitura das estruturas de poder propostas por Platão em sete. Destas, quatro são concedidas pela condição de nascimento: "Esse é o poder dos pais sobre os filhos, dos velhos sobre os jovens, dos mestres sobre os escravos ou das pessoas bem-nascidas sobre os sem nada" (Rancière, 2014, p. 54); dois que se valem das condições da natureza: "dos mais fortes sobre os menos fortes" e "dos sábios sobre os ignorantes" (p. 54-55), e, por fim, o sétimo:

> [...] um objeto estranho, um sétimo título para ocupar os lugares de superior e de inferior, um título que não é título e que, no entanto, como diz o ateniense, consideramos o mais justo: o título de autoridade de "amado dos deuses", a escolha do deus do acaso, o sorteio, que é o procedimento democrático pelo qual um povo de iguais decide a distribuição dos lugares (Rancière, 2014, p. 55).

Essas classificações dialogam bem com os ofícios impossíveis que lemos em Freud. Educar, governar e analisar constituem-se impossíveis, segundo o autor, pois "de antemão se pode estar seguro de chegar a resultados insatisfatórios" ([1937a] 2006, p. 265). Isto se dá porque tais funções pressupõem a emancipação dos sujeitos cuidados, que não condiz com o gozo egoísta do exercício de qualquer poder. Do mesmo modo que Platão, via Rancière, fala-nos sobre uma autoridade legítima concedida pelos deuses, Freud fala em "pessoas de alta e rara perfeição" ([1937a] 2006, p. 265) e Ferenczi fala em "gênios da psicologia" ([1928c] 2011, p. 29), como sujeitos de alta virtude capazes de serem a exceção, e, portanto, tornarem-se legítimos executores dos ofícios impossíveis.

Por outro lado, para tranquilizar os corações sobre a compreensão dessa tal excepcionalidade, Ferenczi declara que "Todos aqueles que não temem o esforço de seguir as instruções do mestre estarão em condições, mesmo que *não sejam gênios da psicologia*, de ganhar acesso às profunde-zas insuspeitas da vida psíquica de outrem, seja ela saudável ou doente" ([1928c] 2011, p. 29, grifo meu), e Freud alerta que "não devemos esquecer que o relacionamento analítico se baseia no amor à verdade – isto é, no reconhecimento da realidade – e que isto exclui qualquer tipo de impos-tura ou engano" ([1937a] 2006, p. 265).

Assim como é um equívoco comum a confusão entre a clínica da empatia e uma condolência excessiva e prejudicial que pode manter o paciente em uma posição infantilizada, outro equívoco comum é entre a sorte dos espíritos excepcionais no exercício da psicanálise — e da docência e governo — e a perfeição, que resulta na postura hipócrita que não reconhece os próprios erros e limites, imputando responsabilidades ao sujeito que se coloca sob nossos cuidados, o que é tão denunciado por Ferenczi em seus últimos anos de vida.

A excepcionalidade está muito mais relacionada a uma honestidade abnegada (Ferenczi, [1932] 1990) do que à perfeição. Rancière revela que a autoridade legítima consiste em "uma superioridade que não se funda-menta em nenhum outro princípio além da própria ausência de superio-ridade" (2014, p. 56). Aqui, no próprio constatar das vivências de nossas clínicas, é possível chegar à conclusão de que, sim, existe uma "autoridade", um "suposto saber", algo que destaca a pessoa do analista de qualquer outro a quem o sujeito pudesse procurar para buscar socorro de suas angústias e acolhimento. Entretanto não há gozo egoísta dessa situação.

Avançando no *Diário* à nota de 13 de agosto, o psicanalista hún-garo declara:

> A psicanálise atrai os pacientes para a "transferência". A compreensão profunda, o grande interesse pelos detalhes mais íntimos da história de sua vida e pelos movimentos de sua alma serão, muito naturalmente, interpretados pelo paciente como as marcas de uma profunda amizade pessoal, até de ternura (Ferenczi, [1932] 1990, p. 246).

A importância da transferência no curso de uma análise, já é por consenso fundamental, e já foi amplamente debatida. Todavia, Ferenczi chama-nos a atenção para o tema da amizade via transferência. Esta passagem me faz lembrar de uma publicação do historiador Leandro Karnal, em sua página do Facebook, homenageando seu falecido analista, o italiano Contardo Calligaris. Leia-se um trecho da fala mencionada:

> Ele me falava dos autores que estudei e que tinham dado aula a ele, como Barthes, Lacan e Foucault. Debatemos Santo Agostinho em Porto Alegre por horas. Fui seu paciente por anos. Parei de ir ao consultório porque viramos amigos e paramos de falar das minhas bobagens existenciais para tratar do Leopardo, de Lampedusa e da história de Milão e Veneza (Karnal, 2021, s/p).

Aqui, por meio das palavras do paciente, é possível perceber como uma aliança de amizade pode resultar de uma análise. É claro que nenhum analista conseguiria o feito de tornar-se grande amigo de todos os seus pacientes com análises finalizadas, dadas várias questões práticas, como afinidades pessoais, círculos sociais e tempo. Entretanto, embora a amizade não seja um produto final comum a todas as análises, a qualidade da transferência pode ser vislumbrada acerca de similaridades com uma relação de amizade.

A relação com o paciente que mencionei no início deste texto, ao qual refletimos sobre o manejo como bem-aventuranças de uma infância saudável, possui certas peculiaridades que podem metaforizar esta proposição. Não raro, em muitas de suas sessões ele chegou com um sorriso no rosto, acomodou-se e me perguntou: *"Fofoca?"*. Este era um código nosso. Ele reservava certo tempo das sessões para me contar trivialidades da vida dele, sobre amigos, sobre a graduação, família, e outros assuntos. E eu o acompanhava com toda a receptividade que podia. Devo acrescentar que havia interesse meu em ouvi-lo, era agradável, tanto pela graça dos assuntos, quanto por nosso laço de confiança.

Após algum tempo, iniciávamos a "análise propriamente dita". No dia em que o tema do manejo surgiu, lembro-me de ter formulado uma fala mais ou menos assim:

> *Mas como nós fazemos com que uma criança possa ter as bem--aventuranças? Primeiramente, uma criança não brinca sozinha. Para viver as bem-aventuranças não basta que o analista performe a função de pai, por mais benevolente que este pai possa ser. Crianças brincam com outras crianças. Veja as nossas fofocas, por exemplo...*

Lembro-me que ele ficou surpreso ao saber que as "fofocas" faziam parte do manejo. Podemos aqui, concordar com o menino da história narrada por Cláudio Thebas:

> De imediato, um menininho levantou a mão. Nunca vou esquecer a cara dele. Gordinho, vermelho de vergonha, mas corajoso o bastante para não deixar a vergonha o impedir de perguntar:
>
> "A gente pode brincar primeiro?"
>
> Fiquei totalmente surpreso. Falei que "sim, claro!", e emendei com outra pergunta:
>
> "Por que você quer brincar primeiro?"
>
> E então o pequeno mestre arrematou com uma enorme sabedoria:
>
> "Porque depois que a gente brinca, a gente fica amigo" (Thebas, 2019, p. 49).

O psicanalista como melhor amigo?

Usar a figura do amigo, ou talvez caiba dizer, do "melhor amigo", para refletir o papel do psicanalista, pode causar estranhamento, vistas as tradições psicanalíticas mais ortodoxas. Por outro lado, cumpre-se dizer, com base na teoria, que o estranhamento é sinal de um conteúdo recalcado que foi perturbado pelo estímulo apresentado (Freud, [1919b] 2006).

O paralelismo entre elementos da amizade e a psicanálise supre a problemática entre possibilitar a confiança de brincar juntos e contar os segredos com a necessidade de acolhimento e proteção. Cito o esclarecimento de Alexandre Patrício de Almeida:

> O laço *horizontal*, tanto nas relações como na clínica e, no nosso caso em particular, na educação, permite que a *con-*

fiança se estabeleça, justamente porque todos os que estão inseridos nesse laço apresentam traços de vulnerabilidade (2023, p. 126, grifos do original).

Um verdadeiro amigo não se põe superior ao outro, mas está sempre disposto a acolher e a dispender seus conselhos. A verdadeira amizade também é uma relação de bondade, desejosa pelo bem-estar do amigo sem que se haja inveja ou controle de qualquer forma. Pensando-se nas sete autoridades propostas por Rancière, o lugar de amigo não é concedido pelo nascimento nem pela natureza.

Seria ele um presente dos deuses? O livro de Eclesiástico menciona: "Um amigo fiel é uma poderosa proteção: quem o achou, descobriu um tesouro. Nada é comparável a um amigo fiel: o ouro e a prata não merecem ser postos em paralelo com a sinceridade de sua fé" (Bíblia, Eclesiástico, 6, 14-15), o que demonstra a importância do tema da amizade mesmo no campo dos estudos religiosos. De todo modo, pensando-se nessa autoridade que não aspira pelo lugar de autoridade, a relação de amizade parece, a primeiro momento, ser uma boa resposta. Justificaria, inclusive, os experimentos clínicos de Ferenczi com as análises mútuas[20] ([1932] 1990).

Todavia, Ferenczi não tardou em reconhecer dificuldades causadas pela mutualidade enquanto técnica. Em nota de 2 de outubro, ele constata que "Quando a mutualidade foi alguma vez tentada em algum lugar, a unilateralidade deixa de ser possível – infecunda. A questão agora é: existe a necessidade de que cada caso seja um objeto de mutualidade? E em que medida?" ([1932] 1990, p. 262).

Bem sabemos que a mutualidade enquanto análise não deve ser praticada, não por excesso de pudor ou ausência de pessoalidade na relação analítica, mas sim por tratar-se de um espaço que é direcionado ao paciente como centro dos interesses. Por outro lado, os experimentos de Ferenczi trouxeram estas valiosas interrogações: existe a necessidade da mutualidade? E em que medida? Se em exame das obras do autor, e de nossas clínicas, fica claro que a resposta para a primeira questão é sim, dado que o interesse vivo em nossos pacientes inclui uma expressão de humanidade, de investimento que acarreta uma certa mutualidade, a resposta para a segunda pergunta é difícil, e possivelmente relegada ao tato.

---

[20] A análise mútua foi um procedimento clínico experienciado por Ferenczi e relatado por ele em seu *Diário*. Consistia em permitir que os pacientes da análise mútua primeiramente conduzissem uma sessão de análise com o próprio Ferenczi, e após o fim dessa sessão, a situação invertia-se. A justificativa é de que alguns pacientes tinham suas resistências rebaixadas devido ao uso desse método.

Desse modo, a situação analítica pode se inspirar na amizade, visto que esta prevê o lugar de acolhimento, diversão, sabedoria e horizontalidade, entretanto, sem beneficiar-se do gozo de uma via de mão dupla. Poderíamos pensar, como uma espécie de metáfora à psicanálise, um tipo de amizade, mas uma amizade abnegada.

Cabe destacar, à guisa do fim, a relação de amizade intensa entre Ferenczi e Freud, que fora seu analista[21]. E sobre essa função cumprida por Freud, Ferenczi, em carta de 17 de janeiro de 1930, expressa seu descontentamento:

> O que lamentei, em particular, foi que, na análise, você não tivesse percebido em mim e levado à ab-reação os sentimentos e as fantasias negativos, parcialmente transferidos. É sabido que nenhum analisando, nem mesmo eu, com os meus numerosos anos de experiência adquirida com outros, consegue chegar a isso sem ajuda. Para tanto, foi necessário uma auto análise deveras penosa efetuada posteriormente e de uma forma inteiramente metódica ([1932] 1990, p. 13).

A resposta de Freud, segundo Kupermann (2019, p. 36), "se sustenta em três premissas", que podemos identificar na exposição do caso feita por Freud em "Análise terminável e interminável":

> O homem que fora analisado tornou-se antagonista do analista e censurou-o por ter falhado em lhe proporcionar uma análise completa. O analista, dizia ele, devia ter sabido e levado em consideração o fato de uma relação transferencial nunca poder ser puramente positiva; deveria ter concedido atenção à possibilidade de uma transferência negativa. O analista defendeu-se dizendo que, à época da análise, não havia sinal de transferência negativa. Mas, mesmo que tivesse falhado em observar certos sinais muito débeis dela – o que não estava inteiramente excluído, considerando o horizonte limitado da análise naqueles primeiros dias –, ainda era duvidoso, achava o analista, se teria tido o poder de ativar um assunto (ou, como dizemos, um "complexo") simplesmente por aponta-lo, enquanto este não estivesse presentemente ativo no próprio paciente naquela ocasião. Ativá-lo teria certamente exigido, na realidade, um comportamento inamistoso por parte do analista. Ademais,

---

[21] A análise de Ferenczi com Freud ocorreu em três semanas no ano de 1914, e em três semanas no ano de 1916, com duas sessões diárias, conforme nota de rodapé de "Análise terminável e interminável" (Freud, [1937a] 2006, p. 237).

> acrescentou, nem toda boa relação entre um analista e seu paciente, durante e após a análise, devia ser encarada como uma transferência; havia também relações amistosas que se baseavam na realidade e que provavam ser viáveis (Freud, [1937a] 2006, p. 237).

As premissas destacadas por Kupermann, que o leitor atento pode identificar na fala de Freud, são: 1) a ausência de sinais claros de uma transferência negativa à época da análise; 2) o risco de comprometer a transferência utilizando-se de uma postura "inamistosa"; e 3) aspectos viáveis da relação na realidade externa à análise.

Independentemente da conclusão que se tome em referência à primeira justificativa de Freud, uma vez que cada um dos homens se posiciona à sua própria maneira; e da segunda, visto que se trata de uma conduta técnica que só pode ser observada presentemente na transferência e no contexto analítico, o terceiro motivo pode ser um sinalizador acerca do paralelismo entre amizade e relação analítica. Em "Recomendações aos médicos", Freud refere-se a Ferenczi como o homem que "vale por uma sociedade inteira" ([1914b] 2006, p. 43), visto que, à época, este era seu único colaborador na Hungria. Posteriormente Ferenczi fundou a sociedade psicanalítica de Budapeste, a qual presidiu até sua morte, o que foi muito importante para o progresso e para a história da Psicanálise.

Desse modo, na amizade entre Freud e Ferenczi, vemos aspectos da mutualidade de interesses na amizade. Por Ferenczi, em extrair ensinamentos do mestre, e por Freud, no papel que Ferenczi tinha no avanço da Psicanálise, o que, conforme a teorização exposta sobre o papel do interesse de ambas as partes da dupla analítica, prejudica o desenvolvimento da análise. Contudo, mesmo em uma relação de amizade não abnegada, conforme a que se estabeleceu sobre o contexto analítico, por vezes é necessário que tratemos de assuntos difíceis, possivelmente com discordâncias, exaltações e palavras duras. É aí que a psicanálise, orientada pelas lentes de Ferenczi, distancia-se da condolência excessiva e se aproxima da verdadeira amizade.

A LÓGICA SENSÍVEL DO MANEJO DO TEMPO

Peço-te o prazer legítimo

E o movimento preciso

Tempo, tempo, tempo, tempo

Quando o tempo for propício.

(Caetano Veloso, Oração ao tempo)

A clínica psicanalítica em geral é marcada por avanços, questionamentos e, principalmente, transgressões. É inegável a contribuição de tal prática para o avanço na compreensão dos fenômenos do inconsciente, porém, é igualmente inegável que, em nome da mesma clínica psicanalítica, cometeram-se excessos diversos.

Quando falamos da clínica de orientação lacaniana, uma das primeiras técnicas que vêm à memória é o corte lógico, amplamente praticado pelos seguidores de Lacan. É possível dizer que é muito útil em diversas possibilidades no trabalho com a associação livre, entretanto, assim como a ferramenta não cumpre seu papel fora das mãos do mantenedor, o corte lógico, em mãos despreparadas, pode acabar se desviando de sua função principal.

Roudinesco e Plon já apontavam para o distanciamento entre a teoria de Lacan e a prática de seus discípulos:

> Consciente do perigo, também Jacques Lacan, em 1958, no contexto de sua teoria do significante, tratou de revisar essa noção e sua utilização técnica. Colocou ênfase na necessidade de interrogar incessantemente, no correr da análise, o desejo do analisando, sem no entanto despejar sobre ele verdades já prontas. *Mas seus discípulos, por seu turno, cederam à mania da interpretação.* Enquanto os freudianos faziam surgir por toda parte símbolos sexuais e os kleinianos "adivinhavam" por trás de todo discurso o ódio arcaico à mãe, os lacanianos inventaram um novo jargão interpretativo, feito de trocadilhos, matemas e nós borromeanos (1998, p. 389, grifos meus).

Gerber (2017, p. 199), em seu texto "Neutralidade, naturalidade, neuturalidade", inicia sua crítica ao dogmatismo na leitura da psicanálise com a seguinte estória:

> Em um mosteiro medieval copiavam-se textos sagrados para distribuí-los aos demais mosteiros. Certo dia um jovem monge teve um estalo, parou sua faina e foi falar com o velho abade: "Senhor, me ocorreu que como sempre copiamos a partir de cópias anteriores, poderia acontecer que ao longo do tempo surgissem erros repetitivos em relação aos originais".

> O abade concordou e resolveu fazer uma pesquisa nos textos originais. Desceu aos subterrâneos onde ficavam depositados e ficou lá por horas. De repente, os monges ouvem gritos, choros, imprecações, pancadas nas paredes. Descem correndo e se deparam com o velho abade gritando, chorando, arrancando os cabelos. Apavorados perguntam o que estava acontecendo e o ancião balbucia: É CARIDADE e não CASTIDADE!!!".

Apesar do caráter humorístico da passagem, Gerber convida o leitor a pensar não apenas na questão das traduções, drama já conhecido das comunidades psicanalíticas, mas principalmente nas questões do dogmatismo e da mortificação do desejo, ilustrada pela castidade, que, segundo o texto, não seria necessária, porém, fora em algum momento adotada como conduta obrigatória.

Em contraposição à ideia dogmática das diversas aplicações dos textos de Lacan e de tantos outros teóricos, resgatamos Freud ([1893] 2006, p. 23), que diz: "teoria é bom, mas não impede [aos fatos] de existir". Outra crítica interessante, e mais atual, é a de Kupermann (2017, p. 131):

> A pergunta que se pode fazer hoje, no início do século XXI, parece provocar um contraponto à constatação feita por Anna Freud nos anos 1970[22]. É a Psicanálise que permanece alheia aos anseios das novas gerações ou são os imperativos de desempenho contemporâneos, com o seu eficaz processo de anestesia das sensibilidades a que vimos assistindo, que tende a esmorecer demasiadamente as inquietações e os movimentos de resistência, enfraquecendo assim a própria práxis psicanalítica, bem como outros instrumentos de emancipação criadora?

---

[22] Ver: FREUD, A. [1978]. Difficultés survenant sur le chemin de la psychanalyse. *Nouvelle Revue de Psychanalyse*, 10.

Realmente há muitos pontos de exercício da sociedade atual, à qual o analista não é imune, e poder-se-iam apontar como culpados dos diversos excessos cometidos em nome da psicanálise, dentre eles está o uso indiscriminado de cortes lógicos, que promovem uma análise potencialmente retraumatizante.

Um dos pontos de ligação entre o pensamento analítico e a intervenção é a interpretação feita pela dupla analítica acerca do conteúdo inconsciente apresentado. A interpretação é a ação apresentada como primeiro recurso da literatura psicanalítica na obra *A interpretação dos sonhos* (Freud, [1900] 2006), em que é apontada a necessidade de interpretar como meio de transpor as condensações e deslocamentos, pelos quais o inconsciente submete o conteúdo a ser revelado.

É fato que as interpretações fazem, até hoje, parte do arsenal de ferramentas de trabalho do analista. Devemos, porém, considerar que esse recurso, desde a contemporaneidade de Freud, já apresenta suas complicações. Freud ([1937b] 2006, p. 279, grifos meus) comenta:

> Todo *analista* sabe que as coisas acontecem de modo diferente no tratamento analítico e que aí ambos os tipos de trabalho são executados lado a lado, um deles sempre à frente e o outro a segui-lo. O analista completa um fragmento de construção e o comunica ao sujeito da análise, de maneira a que possa agir sobre ele; constrói então um outro fragmento a partir do novo material que sobre ele se derrama, lida com este da mesma maneira e prossegue, desse modo alternado, até o fim. Se nas descrições da técnica analítica se fala tão pouco sobre "construções", isso se deve ao fato de que, em troca, se fala nas "interpretações" e seus efeitos. *Mas acho que "construção" é de longe a descrição mais apropriada.* "Interpretação" aplica-se a algo que se faz a algum elemento isolado do material, tal como uma associação ou uma parapraxia.

É válido, à leitura presente, considerar-se os 37 anos que se passaram entre a publicação de *A interpretação dos sonhos* e a interpretação e a consideração feita por Freud sobre o que ele chamou de construção. A capacidade de interpretar os mistérios do inconsciente incorre no risco de tornar-se nociva ao paciente, por estar sujeita à pessoa do analista, e sua falibilidade. Freud notou o fenômeno nos relatos de sua época, apontando que a interpretação é um processo conjunto entre paciente e analista.

Ferenczi, em seu texto "A elasticidade da técnica psicanalítica" ([1928c] 2011), já trabalhava a crítica quanto aos excessos cometidos em nome da psicanálise, contrapondo-se a uma postura psicanalítica que, até então, considerava que quaisquer falhas no andamento da análise eram por responsabilidade dos pacientes. De fato, se do saber do analista há um inconsciente que o rege, e que esse inconsciente dispõe de recursos para se defender, como a resistência, qual seria a responsabilidade desse sujeito, uma vez que seu inconsciente está fazendo aquilo que já seria previsto?

O manejo do tempo

A primeira obra lacaniana que embasa a prática do corte lógico é o texto chamado "O tempo lógico e a asserção de certeza antecipada – Um novo sofisma" (Lacan, [1945] 1998). Nesse texto, Lacan insere a ideia de que a verdade do sofisma pode ser alcançada pelo sujeito em três tempos: "o instante de olhar, o tempo para compreender e o momento para concluir" (Lacan, [1945] 1998, p. 204). Para exemplificar o funcionamento da ideia ele apresenta a estória dos três prisioneiros, aos quais haveria se prometido a anistia aquele que descobrisse a cor do disco colocado em suas costas sem comunicar-se por palavras com qualquer um dos concorrentes. Sendo apresentadas as possibilidades antes do início do jogo, três discos brancos e dois pretos, e colocado um disco branco nas costas de cada um, da seguinte maneira:

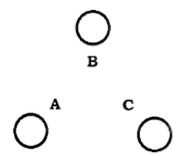

Assim, o sujeito A pode observar em seus concorrentes que dois dos três discos brancos estão presentes, de modo que, para alcançar seu objetivo, é necessário responder a seguinte questão: estou eu com o disco branco ou preto?

Sabendo quem são seus opositores, resta a dúvida de quem sou. A ideia apresentada por Lacan consiste em que quando o sujeito percebe no outro, através da hesitação, a mesma dúvida à qual está submetido, percebe que esse outro também vê diante de si dois brancos, e está introvertido na conclusão da mesma questão "quem sou". Logo, compreende: "estou com o disco branco".

Pode-se ver claramente a apresentação dos três tempos na situação, porém, um outro elemento muito importante é colocado em questão: a precipitação.

> O que constitui a singularidade do ato de concluir, na asserção subjetiva demonstrada pelo sofisma, é que ele se antecipa à sua certeza, em razão da tensão temporal de que é subjetivamente carregado, e que, sob a condição dessa mesma antecipação, sua certeza se confirma numa precipitação lógica que determina a descarga de tensão, para que enfim a conclusão fundamente-se em não mais do que instâncias temporais totalmente objetivadas, e que a asserção se des-subjetive no mais baixo grau (Lacan, [1945] 1998, p. 208-209).

Pode-se compreender, com efeito, a atitude de corte da narrativa do paciente por parte do analista, como um ato direcionado a levá-lo ao tempo de encerrar, considerando que o analista tem por dever auxiliar o sujeito a atravessar os outros dois tempos anteriormente. Segundo Freud ([1937b] 2006, p. 280-281), "O 'sim' não possui valor, a menos que seja seguido por confirmações indiretas, a menos que o paciente, imediatamente após o 'sim', produza novas lembranças que completem e ampliem a construção", devendo assim o analista, em exercício de seu tato, estar atento aos sinais que apontam à entrada do tempo de concluir para além de uma simples aceitação.

Lacan estabelece que o tempo de concluir só pode ser atingido através da intervenção temporal, podendo-se, em sua ausência, permanecer o sujeito preso no tempo da compreensão. Sendo o inconsciente uma instância atemporal, o manejo do tempo cronológico em psicanálise é algo pensado desde o homem dos lobos (Freud, [1918] 2006), em que se é apresentada a delimitação o prazo de análise, método que fora experimentado também por Ferenczi em suas "Dificuldades técnicas de uma análise de histeria" (Ferenczi, [1919c] 2011).

Embora não se tenha havido sucesso com tal técnica, abandonada e criticada pelo próprio Ferenczi anos depois, a preocupação com o manejo do tempo persistiu e persiste até hoje, e, pode-se dizer, com sua devida razão, afinal, como se poderia submeter o inconsciente atemporal às regras das sessões psicanalíticas de 50 minutos?

Poder-se-ia questionar, com efeito, que, embora ambos os autores, Lacan e Ferenczi, apresentem uma atenção especial ao manejo do tempo, se suas ideias de fato poderiam convergir.

Se, por um lado, há um Lacan que se preocupa em provocar o tempo de concluir, e assim, antecipar a asserção, temos um Ferenczi que se mostra disposto a suportar o paciente, para que este não entre no campo do choque traumático. Talvez tal leitura possa tentar o leitor a pensar que o método lacaniano tem uma tendência a encurtar a sessão, enquanto o método ferencziano estaria voltado a prolongá-la, mas é válido lembrar que tal tipo de pensamento nada mais seria do que limitar novamente o inconsciente à cronologia objetiva, ato que os teóricos em questão buscaram combater.

Como resultado da convergência entre eles, é possível compreender o manejo lógico do tempo em conjunto com o cuidado com o paciente conforme descrevem Vale e Castro (2013, p. 443): "O tempo que o objeto 'a' faz surgir é o instante da pressa, tempo de um dizer, no qual o sujeito atinge a certeza antecipada e faz uma asserção sobre si mesmo", fazendo uma "[...] colocação do real em forma significante" (Lacan, [1964] 1985, p. 43).

Ainda sobre a posição do analista na situação de corte, pode-se recorrer a Miller (1998) com a máxima: "A redução [temporal], como uma operação analítica dirige-se à sua versão pequeno 'a'". Desse modo, torna-se clara a ideia de que o corte só pode ser exercitado pelo analista — bem como boa parte dos dispositivos clínicos — quando há a causa do desejo, do contrário, qualquer tentativa analítica resultará no levantamento das resistências.

O corte e o ato analítico

O filme *Todas as razões para esquecer* é uma comédia dramática de origem brasileira lançada em 1 de março de 2018. Nesse filme, Antônio, o protagonista, é um jovem que tem seu relacionamento rompido e passa por todos os estágios do luto. Em uma tentativa de reatar o namoro, Antônio procura a ex-namorada e diz estar fazendo terapia. Em sua fala, diz: *"mas a minha não tem essas coisinhas de deitar no divã, ficar interpretando sonhinho até o psicólogo achar uma hora de cortar com uma frase de efeito e me mandar embora não..."*.

Quanto ao corte no discurso da personagem, esclarece-se:

> O corte lógico-temporal (o manejo do tempo por meio do corte da sessão), trata-se justamente de que o sujeito se pergunte por que o analista interrompeu a sessão em determinado momento. O sujeito se pergunta o que o analista poderia querer dele, apontando, então, para a questão do desejo. O corte lógico-temporal poderia ter várias funções, como pontuar o discurso do sujeito, apontar um significante, abalar o modo de funcionamento e/ou o sentido, além de barrar a transferência erótica. Se o ato analítico envolve o corte, todavia, nem todo corte teria valor de ato para o sujeito (Vale; Castro, 2013, p. 445).

Os autores trazem, além da descrição bem articulada, um ponto importantíssimo para o exercício da ética no manejo do tempo lógico: "Se o ato analítico envolve o corte, todavia, nem todo corte teria valor para o sujeito", do contrário, o analista seria, como na ideia de Antônio, alguém que fica procurando um momento para cortar com uma frase de efeito.

É de suma importância, ao pensarmos no ato analítico como tendo seu efeito a posteriori, que se o paciente deixar a análise com uma ideia nesses termos, seja por um sentimento de prejuízo, relacionado à redução de seu tempo ou em relação ao valor pago, ou por necessidade de mais escuta, o exercício será, com efeito, de retraumatismo, desse levantamento das resistências através de uma revivência mnêmica inadequada, dificultando a reflexão do ponto enfatizado pelo analista.

Ferenczi ([1930] 2011, p. 67) relata que: "O efeito do choque da interrupção brutal da sessão de análise obrigou-me, por mais de uma vez, a prolongar a sessão até esgotar-se a reação emotiva, a ponto de dedicar ao mesmo paciente duas sessões por dia ou mais". Lacan, nesse sentido, também contribui: "Em nome desse paciente, também a escuta se torna paciente. É para o seu bem que a técnica analítica se elabora, sabendo moderar sua ajuda. Dessa paciência e moderação é que se trata de tornar capaz o psicanalista" (Lacan, [1966] 1998, p. 230-231).

Assim sendo, torna-se indispensável ao analista o tato frente ao manejo do tempo, bem como a forma de encerrar, pois os pacientes têm uma dose subjetiva de angústia a qual se pode suportar, considerando-se que muitos deles, devido ao início de análise ou ao regate de conteúdo do inconsciente, estarão mais fragilizados, sem desconsiderar o caráter evolutivo da análise, conforme cita o próprio Ferenczi ([1928c] 2011, p. 32): "[...] aprender a suportar um sofrimento constitui um dos resultados principais da psicanálise", ou, como diria Daniel Kupermann, "saber dói [...] Desejar também dói" (2017, p. 138).

Através da convergência do manejo de tempo dos dois autores e o diálogo de suas éticas, compreende-se fundamentalmente que: o inconsciente é atemporal e deve ser tratado como tal. O corte é um dispositivo clínico que possui uma ampla teoria e complexidade às quais o psicanalista que faz seu uso tem o dever de conhecer e que o respeito à subjetividade deve prevalecer acima da técnica.

Por mais claro que se pareça, é válido relembrar que qualquer ideia de corte que vise à economia de tempo por parte do analista, ou qualquer outro objetivo que não seja o auxílio no ingresso do tempo de concluir, representa um ato sintomático do próprio analista, possivelmente dotado de traços perversos, contrariando não apenas a ética lacaniana, como qualquer ética dentro do campo da psicanálise. Isso também é válido quando os cortes são movidos pela compulsão a analisar.

Por fim, deve-se lembrar que a máxima *a sessão termina aqui*, embora clássica na prática dos seguidores de Jacques Lacan, não é a única forma de se encerrar ou cortar uma sessão. O corte, como já exposto, é apenas a última ação de um analista frente à análise realizada, após um cuidadoso trabalho de identificação da questão a ser produzida e a devida reflexão, não se tratando de qualquer tipo de mera "aposta" por parte do analista, mas de um trabalho minucioso de escuta do inconsciente, e deve ser exercido com tato e respeito à angústia a qual o sujeito será capaz de suportar.

CONSIDERAÇÕES SOBRE UM TIPO DE SILÊNCIO

Nada grita mais alto que o som do silêncio.
(Nipsey Russell)

O silêncio está longe de ser um tema inédito nas discussões em psicanálise. Desde a pausa entre palavras até o longo período de um vazio constrangedor, o silêncio faz parte da comunicação humana, e, sendo a psicanálise um método de investigação e tratamento pela via da associação livre, é inevitável que ele tenha sua vez no *setting* e na própria relação transferencial entre analista e analisando.

O trabalho de Ferenczi é marcado por vários pontos de interesse que vêm se mostrando fundamentais para a discussão de uma psicanálise atual, que consiga dialogar com as demandas e problemáticas do século XXI. Destes pontos destaco o ímpeto do autor em compreender e auxiliar seus pacientes. O psicanalista húngaro não se tolheu de fazer os mais diversos experimentos, e mesmo de se importar profundamente com aqueles que se colocavam a seus cuidados. Ferenczi não se interessava em "estar certo", ou em provar que sua técnica e seu método eram os corretos, mas sim em proporcionar um bom tratamento a quem quer que fosse seu par na relação analítica.

Desse modo, o estudo da obra ferencziana vem sendo utilizado ao longo dos últimos anos para repensar vários pontos do desenrolar de uma psicanálise, no caminho de algo menos burocrático e mais eficaz. Ferenczi foi, possivelmente, o analista mais ousado da história da psicanálise, bem como o denunciador da "hipocrisia profissional" ([1928c] 2011, [1932] 1990), e defensor da honestidade desde sua obra pré-psicanalítica ([1899b] 2022, [1900] 2022).

E que acontecimento mereceria tanto holofote em relação à questão da hipocrisia quanto o silêncio? As variações de tipos de silêncio podem ir desde o analista falastrão que preenche todos os espaços por resultado de sua própria ansiedade ao analista extremamente silencioso, pautado em uma clínica da mínima intervenção possível. Quanto a este último, recorro ao alerta feito por Ferenczi acerca do desmentido retraumatizante que surge a partir da ausência de quem se busca como testemunha da experiência ([1931] 2011). Uma "escuta ativa" não se sustenta apenas pelo silêncio do analista, mas pelo diálogo vivo, que sabe a hora de escutar e sabe a hora de se pronunciar.

Entretanto, em uma comunicação de duas pessoas, não é apenas o silêncio do analista que nos interessa. Talvez em nossa atitude altiva e projetiva, desejemos pôr de lado essa discussão que expõe nossas falhas para irmos "ao que interessa", que é o silêncio do paciente e as formas de manejo. Por outro lado, conforme expus anteriormente, a escuta ativa é um elemento marcado pelo jogo de cintura psicanalítico, um "saber fazer", "tato" (Ferenczi, [1928c] 2011), que requer a malícia de puxar e empurrar. Desse modo, não seria oportuno que este fosse um debate exclusivamente para "bater" nos psicanalistas apontando-lhes seus muitos erros, bem como não serve ao nosso propósito apenas um emaranhado de teorias sem implicação. Seguiremos discutindo e pensando acerca do silêncio de ambas as posições, analista e analisando, visto que não há análise sem qualquer uma dessas partes.

O silêncio é de ouro: a economia pulsional envolvida

Seria injusto de várias formas não iniciar por este ponto, afinal se estamos falando do entendimento do silêncio sob um prisma ferencziano, o próprio Ferenczi escreveu "O silêncio é de ouro" ([1916] 2011). Nesse texto, o autor aborda fragmentos de dois de seus casos clínicos, nos quais foi observada uma associação entre o ato de falar e o controle fecal. Aqui podemos observar uma das faces do silêncio: "O silêncio é de ouro porque não falar representa em si uma economia" (p. 315), ou seja, a fala é um investimento pulsional.

Essa dinâmica é relativamente simples. A referência à pulsão anal está ligada à atividade de segurar e soltar. Assim, o princípio do silêncio exposto pelo autor é o ato de segurar, e isto pode ser constatado tanto na atitude do analista, que precisa manter seu próprio gozo e julgamentos pessoais fora da cena analítica, quanto no paciente que, em suas resistências, deseja se esquivar de qualquer consequência desagradável que sua fala possa trazer.

Ocorre que, se levarmos a compreensão do silêncio nos termos da economia da pulsão, ela também está sujeita às demais complicações. Um investimento pulsional raramente ocorre de forma pura, na qual o quantum investido é proporcional à descarga, neste caso, à fala. Muito desse investimento se perde no caminho ou é aplicado a fim de romper as resistências que possam aparecer ao longo dessa estrada. Acerca dessas interposições ao longo do fluxo da descarga da pulsão, observe-se a constatação de Ferenczi:

> Como dissemos, a quantidade de "esforço" necessário ao pensamento nem sempre depende da dificuldade intelectual apresentada pela tarefa a executar, mas, muitas vezes, as nossas análises o atestam, de fatores afetivos; os processos mentais impregnados de desprazer requerem, *ceteris paribus*, um maior esforço, e o pensamento inibido apresenta-se frequentemente na análise como condicionado pela censura, como neurótico ([1919a] 2011, p. 397-398).

Acredito que uma vinheta clínica de um exemplo colabore para este ponto da nossa discussão:

> *Certo paciente, um garoto de quinze anos, era extremamente contido em suas associações. Falava pouco, somado à dificuldade em olhar nos olhos ou mesmo de levantar a cabeça – deve-se acrescentar que nem mesmo o divã foi capaz de colaborar para a fluidez da fala do paciente. Era notável, entretanto, certo interesse dele na situação analítica. A forma mais clara de se descrever o cenário da sessão de análise era de que, pela via do "sentir com", o analista podia perceber que o paciente estava constantemente "se segurando". Havia um desejo de falar e ser ouvido, de interagir, de trocar, mas alguma inibição impedia a fluidez das associações. As falas vagas e soltas pareciam, ora com o excesso do desejo de falar que raramente escapava à inibição, ora com falas esvaziadas de sentido em resposta ao protocolo social das boas maneiras que determinava a situação obrigatória de ter que responder. Tais traços, como era de se esperar, eram presentes também em sua vida social, o que foi agravado pelo cenário pandêmico dos anos de 2020 e 2021. Estranhamente, o rapaz é um excelente violonista e compositor, que, no início do percurso, raramente permitia que alguém o visse fazendo sua música.*

> *O curso da análise, somado a algumas entrevistas com os pais, levou à constatação de que ele foi uma criança extremamente ativa, brincalhona e falante, o que logo cedo fora castrado em nome das boas maneiras. Ele aprendeu que bons meninos não falam, e desenvolveu a inibição à fala por consequência de uma complexa rede de pensamentos impostos que determinavam que*

falar era uma prova de desamor. Apenas a análise profunda de tais elementos possibilitou a liberação de suas associações mais fluidas.

Retomarei outro aspecto interessante dessa análise adiante. Aqui ressalto a constatação de que o silêncio, nos termos da economia da pulsão, não implica em ausência de conteúdo a ser verbalizado, mas sim contenção. Ao início deste livro (Capítulo 2), comparei metaforicamente a pulsão à água que flui no rio da linguagem. As inibições apontadas por Ferenczi como entrave no curso de uma descarga pulsional, como se pode observar na contenção do desejo de falar de meu jovem paciente, compara-se a uma represa. Algumas represas são tão fortes e altas que são capazes de conter a água totalmente, mas este é o caso mais raro. Normalmente as represas se enchem e somos forçados a abrir suas comportas, ou mesmo a pressão pode ser tão forte a ponto de causar um desastre, estourando seus muros. O tamanho destes escapes pode variar de acordo com a construção subjetiva, entretanto, em se tratando de fala e silêncio, raramente uma pessoa sobrevive preservando uma mudez total.

O desmentido e sua relação com o silêncio

A metapsicologia associada à questão do silêncio como inibição, estruturada por Ferenczi nos anos 1910, encontra sua aplicação de muitos modos, sobretudo após a virada de 1928. Nos trabalhos desenvolvidos pelo autor nessa época, como se pode observar amplamente em seus comentadores, seu interesse especial é sobre a questão dos traumas, com observações decisivas de que o elemento crucial para que um trauma se instaure é o silenciamento da experiência vivida (Ferenczi, [1928a] 2011, [1929] 2011, [1930] 2011, [1931] 2011, [1932] 1990, [1933b] 2011, [1934] 2011).

Desse modo, o silêncio como expressão da inibição tem sua causalidade determinada pela incidência de uma força que, embora possa ser incorporada ao longo da história do sujeito, é originalmente externa. Primeiramente há uma situação imprevista, potencialmente traumática, que vai além das capacidades do próprio sujeito de administrá-la; em um momento seguinte, o adulto, o outro de confiança, recusa-se a reconhecer tal sofrimento como verdadeiro, causando um colapso como consequência entre a diferença da experiência sentida, que é devastadora, e o testemunho confiável que não atesta sua realidade. Em outras palavras, a inibição ocorre porque o sujeito é silenciado em relação àquilo que sente. Observe-se a descrição do próprio Ferenczi acerca desse fenômeno:

> O pior é realmente a negação, a afirmação de que não aconteceu nada, de que não houve sofrimento ou até mesmo ser espancado e repreendido quando se manifesta a paralisia traumática do pensamento ou dos movimentos; é isso, sobretudo, o que torna o traumatismo patogênico ([1929] 2011, p. 91).

Retornando uma página no mesmo texto, é possível observar também a descrição do efeito da primeira experiência, o traumatismo, o qual é desautorizado ao sujeito:

> Isso nos permite entrever o que constitui o mecanismo da traumatogênese: em primeiro lugar, a paralisia completa de toda a espontaneidade, logo de todo o trabalho de pensamento, inclusive estados semelhantes aos estados de choque, ou mesmo de coma, no domínio físico, e, depois, a instauração de uma situação nova – deslocada – de equilíbrio ([1929] 2011, p. 90).

Avancemos no caso do jovem músico, mencionado anteriormente. Aqui descreverei não os aspectos gerais da análise, que norteiam as repetições, mas sim um episódio específico que denota uma dessas repetições.

> *O jovem músico estava no terceiro ano do ensino médio de uma conceituada escola da cidade, que patrocinava uma famosa festividade municipal. Este festival era composto por vários eventos relacionados à cultura, arte, literatura e música. No ano anterior ele havia sido convidado a se apresentar, sendo a atração de um dos shows do evento. No ano corrente o convite se repetiu.*

> *Ocorre que o ano do acontecimento fora marcado por intensos conflitos políticos que dividiram todo o país. O rapaz, que estava se divertindo em meio às festividades, ostentava um adesivo com as palavras "Fora Bolsonaro", entretanto, momentos antes de subir ao palco, a coordenadora da escola o repreendeu, dizendo que ele não estava lá por ele, mas como representante da instituição, e que não poderia subir ao palco com aquele adesivo. O jovem cedeu sem resistência.*

Devo salientar que esses elementos só surgiram na análise três semanas após o ocorrido. A primeiro momento, a queixa manifesta foi a de que ele não havia conseguido aproveitar a sensação de estar no palco, algo que lhe era extremamente prazeroso. Várias tentativas de construções lógicas acerca do sentimento foram feitas por ele, mas, segundo suas palavras, tudo fazia sentido, mas nada "tocava".

A palavra é interessantíssima, visto se tratar de um músico, mas apenas uma outra associação, que superficialmente não se relacionava com a queixa, causou a lembrança da cena descrita. Ficou claro que o jovem se decepcionou, consigo mesmo e com a educadora responsável, por não poder expressar sua opinião política.

Dada a dinâmica geral dos aspectos da análise, era claro que aquele rapaz não tinha, naquele momento, condições de se levantar contra a autoridade e de subir ao palco com seu adesivo — coisa que outros artistas fizeram — ou mesmo de se negar a tocar. Mas para nós, é interessantíssimo o recurso taquigráfico por meio da imaginação da cena. O que originalmente se deu no seio familiar e que, por triste desdobramento, encontrou repetição na cena educador-aluno, o silêncio, tanto das palavras ao não pronunciar uma resposta no momento, quanto das emoções, como resultado da inibição causada pelo silenciamento imposto, não é representante de um mero vazio ou de um processo criativo.

A verdade é que o silêncio, neste caso, é a expressão da luta para manter a fidelidade ao silenciador.

O tato do analista no trato do silêncio

Olhando agora para o outro lado da dupla analítica, que possamos observar o que tange ao analista frente ao silêncio. Primeiramente, destaco que o silêncio como consequência da inibição derivada do contexto traumático não é, com efeito, o único tipo de silêncio. Podemos pensar também no silêncio que alguns sujeitos desenvolvem ao longo do processo criativo, comum em momentos de insight.

Nesses termos, o papel do analista vai além de lidar com a barreira inibitória para desbloquear o curso das associações de um modo que não sucumba ao retraumatismo, o que, por si só, já pode ser bem complexo, mas, para além do "saber fazer", também um "saber identificar".

A clínica ferencziana é marcada por um traço do analista, o qual o autor nomeou como *einfülhung*, que pode ser traduzido como "sentir o outro dentro de si". Em consulta ao *Dicionário do pensamento de Sándor Ferenczi*, é possível observar que esse termo do autor se desdobra em dois conceitos, a empatia e o tato:

> Empatia é a tendência de o sujeito, no caso, o analista, ser sensível às comunicações verbais e não-verbais de seu

> paciente, podendo colocar-se em seu lugar, sem, entretanto, perder os referenciais próprios e, a partir de então, sentir e pensar *como se fosse* o paciente. A empatia, dessa forma, indica uma *habilidade relacional de identificação*.
>
> Tato, por sua vez, designa tanto a *capacidade de distinguir e escolher o momento justo da intervenção terapêutica adequada do analista quanto o modo de realizar essa intervenção*. O tato se relaciona com o ritmo e o tom da intervenção (Kahtuni; Sanches, 2009, p. 369, grifos do original).

A capacidade de sentir o paciente em si, somada ao "saber fazer", é nisto que consiste a essência da técnica que Sándor Ferenczi desenvolveu ao longo de sua vida. A especificidade do silêncio, entretanto, não exige grandes alterações. Ao analista que elaborou bem suas demandas ansiosas e não sucumbe ao desespero de preencher os espaços vazios, mas que também não cede ao sadismo de negar acolhimento, é claro o momento de manter-se calado no vazio verbal enquanto o paciente desenvolve um processo interno, ou o momento de proporcionar a segurança e o incentivo para que se desenforquem as palavras. Em última instância, o analista pode até mesmo cumprir a função de ensinar o paciente a falar, como fazem os adultos com os bebês.

Por outro lado, como é patente da clínica ferencziana, ter laborado os próprios anseios não significa, de modo algum, excluir o próprio jogo interno de afetos. Não há empatia sem deixar fluir os afetos, assim como a ação, movida pelo tato, demanda de afetos verdadeiros por parte do analista. Trata-se muito mais de uma questão prática do que teórica, o que limita o potencial descritivo de minhas palavras. Desse modo, à guisa do fim, resgato uma narrativa de Masud Khan (2010, p. 1, grifos do original):

> Aproximadamente seis meses antes da morte do Dr. Winnicott, em janeiro de 1971, um grupo de jovens padres anglicanos convidou-o para uma conversa. Ele aceitou e, num dado momento, eles lhe disseram que necessitavam de orientação para estabelecer a diferença entre uma pessoa que procura ajuda porque está doente e necessita de tratamento psiquiátrico e aquela que é capaz de obter ajuda simplesmente ao falar com eles. Ao me contar essa história, Winnicott disse que ficou momentaneamente paralisado pela espantosa simplicidade da questão. Ele fez uma pausa, pensou e então respondeu:

Se uma pessoa vem falar com você e, ao ouvi-la, você sente que ela o está entediando, então ela está doente e precisa de tratamento psiquiátrico. Mas se ela mantém o interesse independentemente da gravidade do seu conflito ou sofrimento, então você pode ajudá-la.

Tratamos aqui de uma clínica com base ferencziana, entretanto, havemos de concordar que Winnicott foi um clínico dotado de grande sensibilidade, o que combina muito com nossa construção. O fragmento narrado por Khan demonstra o funcionamento da empatia em sua forma prática: sentir algo — no caso o tédio — e, a partir disto, saber o que fazer.

No caso do silêncio, as melhores descrições a que podemos pensar são a sensação de que algo está sendo criado — o que pode aumentar muito a ansiedade curiosa de querer "saber logo" —, o vazio pulsional — que tem maior familiaridade com estados depressivos, e que mereceria por si só uma proposição teórica — e, por fim o que nos interessa, a sensação de que o sujeito está "se segurando", o que possibilita várias ações com base no tato, desde a autorização à fala, o incentivo, até mesmo o trabalho de construção conjunta da narrativa. Esta última pode se basear em propostas verbais do analista com base no afeto sentido por meio da relação transferencial, sujeitas, é claro, à aprovação ou recusa espontâneas do paciente. Em outras palavras, é como ensinar um bebê a falar: observa-se o afeto sentido e pronuncia-se a palavra, possibilitando a fala mimética. A prática é comum em diversos consultórios de psicanálise, mas que, por não corresponder ao pudor da "psicanálise pura", raramente é admitida publicamente.

EFEITOS VIVIFICANTES DO AR PURO[23]

Calma, deixa eu respirar um pouco

Nós somos dois loucos.

(Simone Mendes, Erro gostoso)

Atentar-se para a especificidade da clínica contemporânea, levar em conta as diferenças culturais e geracionais, digerir os conteúdos de autores que produziram em tempos diferentes dos atuais, elaborar conceitos para que façam sentido na clínica que se apresenta diante de cada analista, são desafios necessários para qualquer analista. São demandas que nos desconfortam, mas que possibilitam a criação de um *setting* que se adapta ao sofrimento do nosso paciente, e não o contrário.

A crescente chegada em nossos consultórios de pacientes com descontroles severos no campo do corpo, diagnósticos cada vez mais focados em sintomatologias físicas para que os remédios possam ter efeitos e serem prescritos, impõe ao analista que se perceba o sujeito para além desses atravessamentos discursivos. O que muitas vezes pode não ser possível, visto o número cada vez maior de terapias e propostas de cura que se enquadram nos atravessamentos médicos. O analista não trata do corpo, ele trata da mente. Mas, e se só há corpo?

A Organização Mundial de Saúde (OMS) tem tido a preocupação de propor campanhas de conscientização a respeito das principais doenças que afligem a população em geral. Usando dados estatísticos, os meses são classificados em cores para caracterizar campanhas que direcionam um olhar de urgência para doenças em crescimento. Janeiro é o mês branco, de conscientização sobre a saúde mental: "Saúde Mental enquanto há tempo! O que fazer, agora?" (Opas, 2022) é o tema da campanha Janeiro Branco para 2024.

Segundo dados da OMS e da Organização Pan-Americana da Saúde (Opas), no primeiro ano da pandemia de Covid-19, a prevalência global de ansiedade e depressão aumentou em 25%, e o campeão mundial de

---

[23] Escrito em coautoria com Ludmilla Tassano Pitrowsky.

casos de transtorno de ansiedade é o Brasil: aproximadamente 9,3% dos brasileiros sofrem de ansiedade patológica. Em seguida, aparece o Paraguai (7,6%), Noruega (7,4%), Nova Zelândia (7,3%) e Austrália (7%) (cf. Carvalho, 2023). Não será possível aqui discutir os possíveis motivos dessa alta prevalência de transtornos ansiosos em nosso país, mas vamos procurar pensar de que maneira a psicanálise possuiria ferramentas em seu corpo teórico-clínico para tratar sujeitos tão tomados por sintomas físicos ansiosos, principalmente a respiração.

Procuraremos discutir, então, de que maneira pensar a respiração do sujeito em sua constituição psíquica, na sua cultura, no seu ambiente, mas principalmente, no *setting* analítico que olha e escuta esse sintoma. O respirar ansioso em análise é também uma forma de discurso, uma maneira de comunicar suas angústias e processos traumáticos. O ar que circula dentro do paciente, também circula no *setting*, também circula dentro do analista. Dessa forma, é possível pensarmos no *setting* analítico como um lugar de ar puro?

A ansiedade na psicanálise ou a psicanálise da ansiedade?

É suposto que o psicanalista saiba do que e como se trata a ansiedade, não só pela especificidade sintomática desse ataque interno, mas também pela insistência desse modo de sofrimento na contemporaneidade. Mas essa suposição é atravessada, pois o termo não é comum nas principais publicações do campo e algumas confusões são muito presentes. Primeiro, é importante entender que o termo que se aproxima desta referência em Freud é mais próximo, na verdade, da angústia: em alemão, *angst*, diz de um temor, um conflito irracional. E, apesar de Freud utilizar-se desse termo e falar sobre o sintoma ao longo de quase toda sua teoria, é em 1926 que percebemos um aprofundamento mais claro.

Mas bem antes da publicação "Inibição, sintoma e angústia" de 1926, no período pré-psicanalítico, Freud acreditava que a angústia possuía sua origem no processo de recalque, de maneira que, ao separar a representação do afeto, este restaria como energia solta no psiquismo e geraria a sinto-matologia característica de sua apresentação: o aceleramento cardíaco, o aperto na garganta, o mal-estar sem explicação objetiva, tremores e até desconfortos estomacais. Com o estudo e tratamento dos casos publicados em "Estudos sobre a histeria" ([1893-1895] 2006), a distinção entre os destinos do afeto não recalcados para fora da consciência era fundamental para categorização diagnóstica. Caso a maior parte do afeto separado da representação fosse convertido em sintoma somático, estaríamos diante de uma histeria de conversão; e quando a maior quantidade de afeto não era convertida, mas ficava solta e dismórfica no psiquismo, entender-se-ia uma histeria de angústia.

Embora essa classificação ajudasse na organização didática dos casos, o que era realmente observado, segundo Freud, era uma mescla entre as duas apresentações, de maneira que a angústia e a sintomatologia corporal estavam presentes na maioria dos casos. Também podemos concluir que, mesmo que a descrição da angústia tenha um caráter mais subjetivo, quase etéreo, a apresentação clínica sempre pareceu bastante corporal. Encontramos uma passagem interessante no caso Katharina, justamente por mostrar o entendimento freudiano a respeito da angústia, onde a paciente relata seus sintomas e dúvidas:

> — Bem, e de que é que você sofre?
>
> — Sinto muita falta de ar. Nem sempre. Mas às vezes ela me apanha de tal forma que acho que vou ficar sufocada.
>
> Isso não pareceu, à primeira vista, um sintoma nervoso. Mas logo me ocorreu que provavelmente era apenas uma descrição representando uma crise de angústia: ela estava destacando a falta de ar do complexo de sensações que decorrem da angústia e atribuindo uma importância indevida a esse fator isolado.
>
> — Sente-se aqui. Como são as coisas quando você fica "sem ar"?
>
> — Acontece de repente. Antes de tudo, parece que há alguma coisa pressionando meus olhos. Minha cabeça fica muito pesada, há um zumbido horrível e fico tão tonta que quase chego a cair. Então alguma coisa me esmaga o peito a tal ponto que quase não consigo respirar.
>
> — E não nota nada na garganta?
>
> — Minha garganta fica apertada, como se eu fosse sufocar (Breuer; Freud, [1893-1895] 2006, p. 157).

Percebemos a maneira como a angústia é eminentemente corporal, mas sua desorganização nada tem de orgânica. Nesse mesmo caso clínico, Freud evidencia a associação que faz entre a histeria e a história traumática das pacientes, o que no decorrer da sua construção teórica, será de suma importância para a criação da psicanálise. Os adoecimentos psíquicos estão presentes no corpo, apontando para a cisão analítica fundamental entre a consciência e o inconsciente, entre o organicismo e o simbólico; entre o abandono da sugestão, a descrença nas suas histéricas e a organização edípica, entendemos a costura primordial de Freud, em observação clínica e autoanálise, percebendo a relação transferencial não só como plano de fundo das atuações e discursos, mas principalmente como método de tratamento.

Quando em 1914, na tentativa de resolver o problema teórico-clínico da psicose, Freud delineia um Ego eminentemente corporal e resultado de identificações, percebemos então, que será impossível dissociar o corpo dos processos psíquicos dali em diante. O Ego não só será sempre uma invenção do outro, mas também o lugar da ansiedade, da angústia, das defesas e não defesas. Desamparado diante dos objetos internos e externos, colapso e construção estarão sempre presentes na cena vital.

Em 1926, Freud mostra que na ansiedade temos um Ego que reage, passiva e ativamente, a uma reação de perigo eminente. Ao sinal de perigo, o Ego sente a ansiedade com o objetivo de fugir ou evitar. Por conta disso, Freud destaca as duas principais apresentações da sensação de ansiedade: o desprazer e a sensação física. Indissociáveis, ao que parece, esses dois elementos compõem sintomas das neuroses traumáticas, reafirmando a relação direta que desenvolve em praticamente toda sua obra entre os sintomas neuróticos mais graves e as cenas traumáticas mais infantis. Cenas essas, totalmente internas, diferentemente da histeria de angústia que faz uma projeção perceptual externa. A ansiedade nas neuroses traumáticas marca a presença de um perigo que vem de dentro do sujeito e o ataca tal como na primeira cena.

Mas as sensações físicas referidas na ansiedade, segundo Freud, não estão localizadas em qualquer órgão. São órgãos específicos quase sempre eleitos para expressão da crise psíquica: "Os mais claros e mais frequentes são os ligados aos órgãos respiratórios e ao coração" (Freud, [1926] 2006, p. 140). O sofrimento cardiorrespiratório desses sujeitos é intenso e sem contorno, pois não encontra referência coerente na realidade objetiva.

Diante disso, a questão que se coloca é justamente o porquê da eleição dessa trilha específica corporal para a descarga do desprazer psíquico, já que a partir do estudo da histeria, qualquer parte do corpo pode ser transformada em órgão de descarga. Nesse mesmo texto de 1926, Freud considera a hipótese apresentada por Otto Rank em 1923 a respeito do trauma no nascimento. Segundo Rank, todos nós estaríamos marcados por um trauma fundamental e constituinte que seria o nascimento, uma separação primitiva e a mais radical mudança ambiental. O parto marca uma descontinuidade, uma ruptura, entre um entorno seguro e aquático, para um mundo de estímulos e trocas gasosas.

O nascer da criança produziria uma reação corporal semelhante aos estados de ansiedade, o choque do contato com os estímulos luminosos e auditivos, a exigência da adaptação pulmonar a uma nova forma de troca gasosa para sobrevivência, as reações químicas que o corpo precisa fazer para se reorganizar e até o grito primevo. O primeiro ataque que esse corpo sofre é o excesso de estímulos que se impõem em conjunto com a intensidade que, sem muito bem saber como, precisa dar conta. Freud então, entende:

> Dessa forma, no nascimento é provável que a inervação, ao ser dirigida para os órgãos respiratórios, esteja preparando o caminho para a atividade dos pulmões, e, ao acelerar as pulsações do coração, esteja ajudando a manter o sangue isento de substâncias tóxicas ([1926] 2006, p. 149).

Os seguimentos e proposições de Rank não são absorvidos por Freud, pois além de radicalizar a origem de toda e qualquer neurose no nascimento, o autor também defende uma via clínica quase ab-reativa. Para Freud, apesar de o sentido sintomático corresponder ao suposto trauma do nascimento, o ataque que o Ego sofre nas crises ansiosas são de origem superegóica e o grande perigo que o aflige é a castração.

O que precisamos marcar aqui também é a importância do desamparo na questão da ansiedade. Para além de uma condição fundamental, é curioso como a sensação/percepção, da eminência de um excesso produz a reação ansiosa. Desde 1920, Freud especifica a união de dois fatores fundamentais para que o trauma aconteça: o desamparo egóico e o excesso de estímulos. Seguindo essa mesma trilha, em 1926, observamos que o excesso não necessariamente precisa ser percebido. Mas sim, a mera sensação do desamparo proporcionaria as sensações físicas correlatas à ansiedade sinal. O sinal é, na verdade, a fragilidade egóica, e diante disso, qualquer estímulo é excessivo, perigoso.

E é nesse sentido que a ansiedade representa uma tentativa protetiva desse psiquismo, um aviso de que algo ameaça destruir o Ego, o perigo castratório do Superego e os excessos pulsionais do Id. A partir da ansiedade, será possível acionar defesas e reconstruir as cenas fundamentais:

> Podemos também acrescentar que a geração de ansiedade põe a geração de sintomas em movimento e é, na realidade, um requisito prévio dela, pois se o ego não despertasse a instância de prazer-desprazer gerando ansiedade, não conseguiria a força para paralisar o processo que se está preparando no id e que ameaça com perigo (Breuer; Freud, [1893-1895] 2006, p. 170).

A partir disso, podemos tentar entender de que maneira a psicanálise de Freud e Ferenczi pode contribuir para a compreensão e o tratamento de sintomas corpóreos específicos do fenômeno ansioso. Os processos traumáticos, a ameaça da clivagem e a atuação do analista, assuntos preciosos para este fim, são foco de pesquisa de Sándor Ferenczi, em continuidades e rupturas com o pensamento freudiano.

A respiração em relação com a ansiedade

A relação entre a respiração e os modos de expressão do psiquismo é notável frente a qualquer observação. A falta de ar, sensação de sufocamento, estado ofegante, respiração profunda, e até mesmo o respirar automático do qual um sujeito não se dá conta ao discorrer de um dia monótono são facilmente articuláveis com determinados estados psíquicos.

Todavia, o uso do conhecimento acerca da respiração no trabalho com quadros de transtornos de ansiedade e pânico geralmente se limita à prática de certas técnicas respiratórias como exercício de controle das pulsões articuladas ao estado emocional pela via corpórea.

Em 1917, Sándor Ferenczi alertava para a incidência de adoecimentos psíquicos causados por intervenções corporais. As "patoneuroses" (Ferenczi, [1917] 2011) foram observadas primeiramente acerca de procedimentos médicos que desencadearam estados psicóticos, e depois foram estendidas ao estudo das neuroses de guerra, nas quais os soldados sobreviventes comumente desenvolviam sintomas relacionados aos traumas de guerra.

Esta retomada é importante para que possamos embasar o raciocínio que se segue: é sabido que os estudos de Ferenczi o levaram à conceituação de uma teoria psicanalítica dos traumas ([1928a] 2011, [1929] 2011, [1930] 2011, [1931] 2011, [1933b] 2011), a qual consiste em trabalhar pela via psíquica as consequências somáticas da interligação do sofrimento subjetivo entre essas duas instâncias. Acerca da técnica, nos ateremos mais adiante. Procederemos aqui com uma leitura acerca do fenômeno da respiração pelo caminho enunciado.

Ferenczi já demonstrara seu interesse pelo tema da respiração. Em um ensaio nomeado "Efeito vivificante e efeito curativo do 'ar fresco' e do 'bom ar'", declarou:

> É um fato comprovado pela experiência que uma pessoa sente-se mal num recinto mal arejado, que cheira a bafio, e nos lugares superlotados, ao passo que ao ar livre, sobretudo nas florestas, nos campos ou nas montanhas, sente-se revigorada. Por essa razão é que os médicos enviam para o "ar puro" aqueles pacientes que têm grande necessidade de repouso e, em muitas doenças, a estada ao ar livre é expressamente recomendada a título de remédio, com indiscutível êxito (Ferenczi, [1918] 2011, p. 377).

Entretanto, aos recursos da época, é declarada pelo autor a dificuldade dos médicos de compreender o porquê dos efeitos diferentes de certos ares sobre o estado das pessoas, visto que em um exame das necessidades bioquímicas, mesmo um ambiente abafado é capaz de cumprir as necessidades fisiológicas do corpo.

Após uma explicação sobre como os seios nasais se abrem e possibilitam uma respiração mais lenta a partir da integração entre pulmões e as vias respiratórias na inspiração do ar fresco e/ou perfumado, e o inverso, a contração e respiração mais rápida como consequência do ar carregado, Ferenczi declara que:

> A fisiologia concebe o organismo como uma simples *máquina para trabalhar,* cuja única preocupação é realizar o máximo de trabalho útil com o mínimo de consumo de energia, quando o organismo também é feito de *alegria de viver* e esforça-se, por conseguinte, por obter o máximo *de prazer* possível para cada órgão e para o organismo como um todo, ignorando com frequência, quando assim procede, a economia recomendada pelo princípio da utilidade ([1918] 2011, p. 380, grifos no original).

A respiração, nessa leitura, cumpre a dupla função de manutenção da vida e, na linha do "ar puro", a obtenção de prazer aos órgãos relacionados. Considerando a oxigenação do sangue arterial e seu fluxo corporal, é possível estabelecer o prazer de respirar o bom ar como um prazer do corpo todo, ou, nas palavras de Ferenczi, "Aquilo a que chamam o 'bem-estar físico da boa saúde' está estritamente vinculado ao sentimento de prazer que resulta do bom funcionamento dos órgãos" ([1926b] 2011, p. 416).

Considerando-se, dessa forma, a questão da respiração como o investimento pulsional nos órgãos envolvidos no processo respiratório, a respiração relacionada a um ataque de ansiedade ou pânico diferencia-se do prazer de uma respiração profunda de bom ar em seu quantum de pulsão. Em ambas a pulsão flui, mas para que os órgãos se desestabilizem, a pulsão flui de maneira mais acelerada, ou seja, os órgãos são sobrecarregados de excitação.

Ferenczi ainda nos relembra que "A palavra 'excitação' já traduz o prazer que se liga ao processo patológico" ([1926b] 2011, p. 417), ou seja, retoma-se a compreensão psicanalítica do princípio de prazer (Freud, [1911] 2006) de que o prazer é a descarga de pulsão e o desprazer é o acúmulo da mesma. A respiração descontrolada, que perde o ritmo e, em alguns casos, reflete-se como sensação de sufocamento, vem da avalanche pulsional de uma crise de ansiedade ou pânico que se descarrega no aparelho respiratório, para além do campo do prazer, interferindo na função vital, conforme exposto pelo autor:

> Estudos psicanalíticos constataram que precisamente nas neuroses de órgão esse funcionamento erótico ou lúdico de um órgão pode adquirir uma importância excessiva, a ponto de perturbar até sua atividade útil propriamente dita! Em geral, isso produz-se quando a sexualidade é perturbada por razões psíquicas (Ferenczi, [1926b] 2011, p. 417).

Mas de que modo poderíamos estabelecer um olhar propriamente psicanalítico em contrapartida a qualquer natureza de leitura corporal ou uso de exercícios corporais? Observe-se a seguinte explanação de Michael Balint:

> Finalmente, vale a pena lembrar que nossa relação com o ar que nos cerca obedece exatamente ao mesmo padrão. Utilizamos o ar, e, de fato, não podemos viver sem ele; inalamo-lo, retirando partes dele e as utilizamos de acordo com nossas necessidades e, depois de nele colocar as substâncias das quais queremos nos livrar, exalamo-lo — sem dar a menor atenção. De fato, precisamos dele, e enquanto

> ele existir, em quantidade e qualidade suficientes, não lhe damos nenhuma atenção. Esse tipo de entorno simplesmente deve estar ali, e enquanto estiver – por exemplo, se tivermos suficiente ar – damos como certa sua existência, não o consideramos como um objeto, isto é, separado de nós; simplesmente o utilizamos. A situação muda de forma abrupta se o entorno se alterar – se, por exemplo, no caso do adulto, o suprimento de ar sofrer alguma interferência – quando, o aparentemente não investido entorno irá assumir uma imensa importância, isto é, tornar-se-á aparentemente seu verdadeiro investimento latente ([1968] 2014, p. 81).

O autor utiliza o ar como uma metáfora do que nomeou como relações de substância, a base de sua teoria do "amor primário". Para esse autor, o bebê relaciona-se com o mundo neste modelo, moldando-o como uma substância à forma de seu bel-prazer, em oposição às relações de objeto, nas quais estes últimos têm forma sólida.

Esta análise, proposta na citação, como metáfora ao amor primário, possibilita três elementos para a análise da respiração em *setting* analítico. O primeiro é a forma como o sujeito respira, como reação ao próprio ar e à relação substancial. Uma substância que cumpre sua função não é sentida. A face natural do respirar é o automatismo, tanto o prazer em respirar profundamente quanto às dificuldades respiratórias enunciam um investimento pulsional, seja pela via de prazer ou desprazer. E considerando-se que toda pulsão se movimenta na fronteira entre o psiquismo e o corpo (Freud, [1915a] 2006), as alterações no fluxo respiratório ocorrem paralelas a alguma alteração psíquica, seja pela via do psiquismo para o corpo, ou do corpo para o psiquismo — o pânico gerado por um mau funcionamento respiratório e a expectativa de morte.

Nosso segundo elemento é o aspecto plural do ar como substância, ou seja, analista e analisando compartilham, na materialidade, o mesmo ar. A via da contratransferência evidencia isto quando se pensa, por exemplo, em quem socorre uma pessoa acometida por algum mal-estar súbito. Excluindo-se aqueles que, por via de profissão ligada à medicina, estão naturalizados com o cenário, uma pessoa que presta socorro rapidamente coloca seu corpo em estado de alerta, o que acarreta uma alteração respiratória. Não se trata de qualquer natureza de sincronismo entre as dificuldades respiratórias das duas partes, mas de uma alteração natural que acontece pela via do ar compartilhado, que pode favorecer a prática do "sentir com" (Ferenczi, [1928c] 2011) o paciente a partir de uma contratransferência respiratória.

O terceiro elemento consiste em uma observação do próprio Balint, que estabelece o analista como substância no *setting*, ou seja, o analista também é respirado por seu analisando.

> A substância, o analista, não deve resistir, deve consentir, não deve dar origem a muito atrito, deve aceitar e transpor o paciente durante certo tempo, deve provar ser mais ou menos indestrutível, não deve insistir em manter limites nítidos, permitindo o desenvolvimento de uma espécie de mistura entre o paciente e ele próprio (Balint, [1968] 2014, p. 149).

Esta última observação pode ser constatada acerca da internalização que alguns pacientes fazem de seus analistas, como uma voz interna que aconselha, ou a partir de sonhos. Conforme dito anteriormente, não se trata de uma sincronização do respirar, mas de um identificar o outro por meio do ar compartilhado, das respirações, e de, por meio do manejo substancial, tornar-se o próprio ar que já não mais se diferencia dos pulmões que o respiram.

A crise respiratória de ordem psicossomática manifesta uma incapacidade de processar a substância ar, pois, psiquicamente, algo da ordem das relações de substância, que deveria fluir de forma natural e imperceptível, torna-se falha, torna-se objeto, impossível de ser sintetizado pelo aparelho respiratório. Ao analista-ar caberá substancializar novamente esse ar por meio da confluência transferencial.

O *setting* como lugar de ar puro?

A primeira metáfora, talvez previsível, que nos ocorreu ao estabelecer um lugar para o estudo psicanalítico da respiração na clínica, sem incorrer no erro de uma terceirização do tratamento — prescrições de exercícios respiratórios ou de natureza holística — é pensar neste *setting* como lugar de ar puro.

Por outro lado, a descrição técnica de certos fenômenos clínicos de natureza empática é desafiadora. Há certas nuances da natureza da relação transferencial que se estabelecem fora dos limites do registro simbólico, não implicando, todavia, em inexistência ou descrédito quanto à sua validade e importância.

Pensar a dinâmica do ar que se projeta no *setting* pode, à primeira vista, integrar o grupo desses fenômenos desafiadores, visto que o elemento observável para se avaliar o fluxo do ar, no caso, a respiração, pela maioria das vezes ocorre como evento automático. Tanto analista quanto analisando, em exceção a situações de insuficiência respiratória ou aromas incomuns que chamam a atenção, estão desatentos à automaticidade da respiração em face à atenção empregada no curso das associações que compõem a sessão de análise.

Desse modo, a atenção à respiração pode estar condicionada a três possibilidades distintas: ao prazer acentuado e ao desprazer relacionado a dor, insuficiência respiratória e sensação de morte, ambos como respostas ao estímulo do aparelho respiratório; e, por fim, à tomada de consciência acerca de estar respirando.

> É como a existência dos dedos dos pés, por exemplo: partes do corpo constantemente esquecidas, mas, ao pensar neles, automaticamente são lembrados; entretanto, outra forma de lembrar dos dedos dos pés é quando se bate algum deles na quina de uma mesa. Assim se estabelece uma dupla forma de perceber o despercebido: pela via do pensamento e pela via do corpo. Por outro lado, polarizar as duas vias, negando sua integração, parece um erro, afinal, quando se lembra de tal parte do corpo, instantaneamente, ela é sentida. Na contracorrente, quando se sente, ela é instantaneamente lembrada (Oliveira, 2023, 2024, p. 100).

Estabelecendo-se a problemática entre a respiração automática e a percepção da respiração, entendemos que a questão de observar, factualmente, o "ar puro" do ambiente como esta possibilidade de o sujeito respirar mais profunda e lentamente está condicionada ao direcionamento da atenção, ou seja, ao uso dos mecanismos conscientes para a apreensão da qualidade respiratória do momento.

Por outro lado, o caráter automático da respiração não implica, obrigatoriamente, em uma ausência do "respirar profundamente" como reflexo do ar puro que causa efeitos relaxantes. Para isto, basta considerarmos o estado de sono, no qual a respiração é mais profunda e lenta — excluindo-se situações de distúrbios respiratórios do sono.

Nesses termos, com a associação entre o "ar puro" e o estado de relaxamento promovido pelo ritmo respiratório, é possível remontar a clínica neocatártica de Sándor Ferenczi, que estabelece o manejo psicanalítico a partir de dois princípios: "um aumento de tensão pela frustração e um relaxamento ao autorizar certas liberdades" (Ferenczi, [1930] 2011, p. 68).

Aqui é possível compreendermos que o ar que circula o *setting* analítico não deve cumprir meramente a função estática de "lugar de ar puro", embora essa função também lhe caiba. O uso constante da respiração treinada, como se observa em práticas regulares de esportes e exercícios físicos, visa à manutenção da maior continuidade possível de um determinado estado de desempenho, o que difere muito dos objetivos de uma psicanálise. Aqui se abandona qualquer falsa ideia de "controle respiratório" em favor da compreensão da respiração como elemento integrante da comunicação, para fundar o questionamento: em que a observação da respiração pode contribuir com a técnica psicanalítica?

É na alternância entre estados de tensão e relaxamento que a clínica ferencziana traça o percurso de uma análise. Os tempos de realizar cada direcionamento são regidos pelo tato, a capacidade de "sentir com" (Ferenczi, [1928c] 2011). Sobre esse modo empático de manejar o curso de uma análise, Ferenczi declarou em nota de 12 de abril de 1932 de seu diário clínico que "Sob a pressão do desamparo, o paciente separava dele uma espécie de fragmento de inteligência que me prescrevia o que eu devia fazer (ou deveria ter feito) no momento em questão e como" ([1932] 1990, p. 122).

Uma das nuances da capacidade de sentir com, tão cara à matriz psicanalítica ferencziana, é a atenção à leitura dos sinais dados por este "fragmento de inteligência". Não se trata meramente do diálogo de inconscientes que se dá via atenção flutuante para interpretar conteúdos da fala, mas também de interpretar sinais de pedidos inconscientes acerca do fazer do analista. Essas formas de comunicação podem ser organizadas em quatro tipos, conforme os modos de onipotência infantil propostos por Ferenczi ([1913b] 2011) e sistematizados em trabalho anterior (Oliveira, 2022, p. 35):

> 1 - Período da onipotência incondicional: Estado intraute-rino, em que nenhum investimento é necessário à saciedade das demandas, sendo estas providas pelo cordão umbilical.

> 2 - Período da onipotência alucinatória mágica: Estado no qual a criança sente o surgimento da demanda no corpo, mas o ambiente cuidador "adivinha" e supre tal demanda sem a necessidade de um investimento para além do pró-prio sentir.

> 3 - Período da onipotência com a ajuda de gestos mági-cos: Estado no qual a criança gesticula por aquilo que

deseja. Mãos estendidas, contorções físicas ou ruídos não simbólicos.

4 - Período dos pensamentos e palavras mágicos: Estado em que surge o domínio, mesmo que parcial, dos recursos linguísticos como recursos para clamar ao ambiente pelas demandas.

Assim, as maneiras de comunicação de acordo com as expressões de onipotência podem ser lidas como: 1 – inação; 2 – alucinações/fantasias; 3 – gesticulações; e 4 – comunicação oral. Todavia, a coexistência entre mais de um modo de comunicação é, não apenas possível, como também frequente (Oliveira, 2022). Ao associarmos o elemento da respiração a ataques de ansiedade ou pânico, por exemplo, percebe-se que a supracitada hiperestimulação do sistema respiratório revela-se como um componente da gesticulação corpórea da onipotência por gestos mágicos, característica da histeria (Ferenczi, [1913b] 2011). Outro exemplo seria a respiração quase imperceptível da inação, que indica uma repetição da onipotência absoluta.

Dessa maneira, atentar-se também à respiração no *setting* em determinados atendimentos pode ampliar a percepção de mecanismos traumáticos e suas reverberações. A relação transferencial entre analista e seu analisando precisa ser compreendida de uma maneira mais específica do que simplesmente a conversa entre dois indivíduos. Esses dois sujeitos estão inseridos num campo (Baranger; Baranger, [1961-1962] 2010), numa atmosfera (Balint, [1968] 2014). Esse "espaço-entre" (Pitrowsky, 2021) compreende aspectos psíquicos de ambos os participantes, componentes perceptivos conscientes e inconscientes.

Em Balint encontramos uma passagem muito interessante para tal discussão, quando apresenta a ideia de uma mistura física e subjetiva entre mãe e bebê, uma relação fundamental com o entorno, relação esta que seria buscada eternamente pelo indivíduo, por ser intensamente investido pelo entorno e investir neste em retorno:

No entanto, provavelmente esse entorno é indiferenciado; por um lado, ainda não há nele objetos e por outro, dificilmente terá uma estrutura e, em particular, limites nítidos em relação ao indivíduo; o entorno e o indivíduo se interpenetram, existem juntos em uma "mescla harmoniosa". Um importante significado dessa mescla harmoniosa interpenetrante é o peixe no mar (um dos símbolos mais arcaicos

> e mais amplamente ocorridos). Seria inútil indagar se a água das guelras ou da boca faz parte do mar ou do peixe; o mesmo é verdade a respeito do feto. O feto, o fluido amniótico e a placenta são uma mistura tão complicadamente interpenetrável de feto e de entorno-mãe, que sua histologia e fisiologia estão entre as perguntas mais temidas dos exames de Medicina (Balint, [1968] 2014, p. 60).

Nesse sentido, o oxigênio nos pulmões do bebê é proveniente de um líquido que lhe pertence, mas também é a sua mãe. Essa indistinção respiratória parece uma loucura em termos adultos, mas especialmente perceptível nas relações primitivas também após o nascimento. Assim, relembramos a ideia do trauma do nascimento, de Otto Rank, que trouxemos anteriormente, onde essa separação entre o oxigênio materno e os pulmões do bebê gera uma sucessão de reações fisiológicas naturais, porém, excessivas.

O *setting* analítico pode, fantasisticamente, repetir essa mistura dependendo do estado regressivo do paciente em questão, sendo de suma importância que esse analista, para melhor adaptação de seu manejo, também perceba suas dinâmicas psíquicas e físicas. É fundamental, portanto, uma sensível percepção da contratransferência, para que seja possível uma "limpeza" do ar que preenche o ambiente. Assim, podemos entender uma certa filtragem desse ar a partir da capacidade elaborativa do analista em seu lugar de adulto cuidador. Para isso, como dito anteriormente, o manejo baseado na empatia e do "sentir com" é ferramenta analítica muito importante e, em certa medida, libertadora. O analista que pode "sentir com" é o analista que pode bem respirar em seu lugar também.

Considerações

Todavia, não nos caberá tecer um manual de interpretações dos vários modos de respiração possíveis dentro de uma sessão de análise, tanto pela notável predisposição à falha por insuficiência, visto que as possibilidades de combinação entre modos de expressão podem incorrer tanto em vários tipos de manifestações respiratórias quanto na coexistência de significados em um mesmo tipo de respiração — no exemplo da respiração da inação pode-se pensar tanto em um momento de análise estagnada que demanda uma tensão por parte do analista quanto em um momento de repouso curativo —, quanto pela defesa de uma clínica empática, que se faz pela leitura sentida dos sinais inconscientes transmitidos pelo analisando, que em nada combina com a aplicação de manuais.

Assim, resta-nos apontar, não mais o *setting* como um lugar de ar puro, imaculado, mas como um lugar dinâmico que assume as características de diversas estruturas arquitetônicas e geográficas, variando em cheiros e estilos de ventilação. Da mesma maneira que a mãe em sua fisiologia específica é capaz de trocar e filtrar os gases da criança em seu ventre, o analista pode, metaforicamente, filtrar e trocar conteúdo a partir de sua disponibilidade psíquica.

POR QUE NÃO FALAMOS DE DINHEIRO?

Te chamam de ladrão, de bicha, maconheiro

Transformam o país inteiro num puteiro

Pois assim se ganha mais dinheiro.

(Cazuza, O tempo não para)

O dinheiro é um mediador simbólico de valor em relações de troca, seja pela natureza de produtos, serviços ou presentes. Como qualquer relação remunerada, a clínica psicanalítica também é atravessada pela questão do dinheiro, salvo casos de atendimentos pro bono, visto que mesmo em situações institucionalizadas, embora o paciente possa estar isento de realizar pagamentos, a instituição será responsável pela remuneração do analista.

Essa última ressalva é importante, não apenas para refletirmos a questão da remuneração em si, que é digna de qualquer ocupação, mas também da relação do próprio analista com o dinheiro, visto que este pode vir do paciente ou de outras fontes. É claro que outras questões podem ser consideradas no contexto de "pagamento", considerando-se os investimentos libidinais e a realização do analista, entretanto, sabendo-se do papel do dinheiro em relação à subsistência e à organização da sociedade, por que, afinal, não falar abertamente sobre a questão do dinheiro?

O tabu do dinheiro

A bem saber, as relações de aquisições de produtos e serviços são mais antigas que a invenção do dinheiro, tal como o conhecemos nos dias atuais. Inicialmente elas eram determinadas por trocas, das quais um dos elementos universais de designação da riqueza como poder de aquisição era, e ainda é, o ouro. Segundo o economista Binswanger ([1985] 2011, p. 43):

> A alquimia originou-se no Egito, terra em que o ouro foi extraído pela primeira vez, cerca de 5 mil anos atrás. Acreditava-se que o ouro era a imagem do Sol. Sendo este uma

divindade, atribuía-se também ao ouro uma natureza divina. Sua produção artificial era, pois, uma atividade sagrada, uma vez que envolvia a criação de uma substância divina.

Desse modo, o manejo do ouro ganhou na história o status de atividade sagrada, conforme mencionado pelo autor. Por outro lado, a alquimia enquanto prática assume um papel mais obscuro. Dos dois grandes objetivos dos alquimistas, o elixir da vida e a pedra filosofal, este último interessa em especial ao campo da economia. Ainda com Binswanger, esclarece-se:

> O agente que os alquimistas usavam para produzir ouro artificial era a pedra filosofal. Essa pedra – na realidade um pó ou tintura – era também chamada maza, palavra grega para "levedura". A pedra filosofal não é, portanto, a substância da qual o ouro é feito, mas o aditivo essencial, o fermento ou catalisador que efetua a transmutação (ou transformação) de metal comum em precioso. O metal comum preferido para isso era o chumbo, associado ao planeta (e portanto ao deus) Saturno ([1985] 2011, p. 44).

Desse modo, para além da função de curandeiros — elixir da vida —, uma função de destaque dos alquimistas na história medieval era a de conversão de metais em ouro, a moeda de troca proveniente dos deuses, uma tarefa que pode ser concebida na linha tênue entre o sagrado e o profano. Dos alquimistas conhecidos na história, o mais famoso é Fausto, a quem a sabedoria popular creditava um pacto com o diabo, que lhe concedera poderes sobrenaturais em troca de sua alma.

> Ao lado da prefeitura, na praça do mercado de Staufen, uma antiga cidadezinha alemã ao sul de Freiburg e próxima da Floresta Negra, situa-se a antiquíssima Estalagem do Leão (Zum Loewen), onde, em 1539, uma morte notável foi registrada. Uma inscrição na parede externa informa: No ano de 1539, doutor Fausto, outrora extraordinário nigromante, encontrou uma morte desgraçada na Estalagem do Leão, em Staufen. Reza a lenda que, depois de expirado seu pacto de 24 anos, o arquidemônio Mefistófeles, a quem durante sua vida ele chamara simplesmente de cunhado, quebrou-lhe o pescoço e enviou sua pobre alma para a condenação eterna (Binswanger, [1985] 2011, p. 43).

Muitas são as versões do mito de Fausto, mas sempre seguindo um eixo parecido: o homem que estava entediado com os limites que seu intelecto podia atingir fez um pacto com Mefistófeles, que se propôs em servi-lo por determinado tempo[24], e, após isto, possuiria sua alma. Após tentar saciar-se dos saberes do universo e receber falas evasivas de Mefistófeles, Fausto passa a usar-se dos poderes do demônio para obter prazeres mundanos.

No mito de Fausto segundo Goethe ([1774] 2017, [1834] 2011), após muito percorrer acerca da experiência que saciaria suas aspirações, Fausto, com Mefistófeles como seu servo e companheiro, torna-se conselheiro do imperador, que o solicita para realizar o plano dos ambiciosos, a criação de ouro por meios artificiais. Sobre esse plano, Mefistófeles, sob a forma de bobo da corte, sopra ao imperador a ideia de criar o papel moeda.

> A partir daquela manhã, o ouro brilhante como o Sol, vermelho como o sangue, ardente como o fogo, fecundo como o sêmen; o ouro, emblema de Apolo, dos príncipes e dos poetas, dos avaros e alquimistas, deixa de ser o símbolo universal da riqueza, a balança que mede nossos desejos e nossas necessidades. Uma mísera folha de papel com a assinatura de um imperador, de um rei, de um ministro ou de um banqueiro o substitui (Franco, 2011, p. 31).

Tanto o ouro natural, o ouro dos tolos, o papel moeda, e, em nossa época, os números de saldo bancário determinados por uma tela, cumprem a mesma função de mediador simbólico das relações de aquisição de produtos e serviços. Simbólico, como bem sabem os psicanalistas e linguistas, pelo simples fato de representar simbolicamente um lastro, algo que não é de sua ordem material, ou seja, o poder de compra.

Os elementos descritos, tanto pela origem sagrada do ouro, quanto pelo mito de Fausto demonstram o entendimento ambíguo acerca do dinheiro. Ferenczi ([1914a] 2011) fala-nos sobre uma "pulsão capitalista", que responde simultaneamente ao princípio de realidade, ou seja, às possibilidades simbólicas que o dinheiro possibilita, e ao princípio de prazer, por meio da sexualidade anal, relacionada à acumulação e ao gasto do material. Se por um lado ele é fonte de prazeres pelo poder social e de compra, originário do ouro do Deus Sol, por outro, há um certo estigma de impureza orientado pela capacidade de corrupção dos valores altruístas. A coexistência entre o sagrado e o profano caracteriza o tabu. Segundo Freud:

---

[24] Binswanger, em sua obra *Dinheiro e magia*, destaca a diferença entre finais nas diferentes versões do mito de Fausto. Nas primeiras versões, após a morte, o pacto era concluído e Mefistófeles possuía sua alma. Na versão de Goethe, utilizada em sua análise, o pacto consistia em Fausto estar plenamente satisfeito e inebriado, um estado "divino", para que seu tempo acabasse, entretanto, ao atingir esse estado, Fausto é arrebatado aos céus.

> O significado de "tabu", como vemos, diverge em dois sentidos contrários. Para nós, por um lado, "sagrado", "consagrado", e, por outro, "misterioso", "perigoso", "proibido", "impuro". O inverso de "tabu" em polinésio é *"noa"*, que significa "comum" ou "geralmente acessível" ([1913] 2006, p. 37).

E qual é a grande questão do dinheiro como um tabu? Segundo Freud, pessoas ou objetos inanimados que podem ser compreendidos como tabus possuem em si uma espécie de energia negativa que não apenas os torna proibidos, mas que também contaminam quem quer que o toque. Fica claro quando pensamos que, no senso comum, pessoas que colocam o dinheiro acima de todas as coisas são tidas pelo senso moral como pessoas más. O "bom uso" do dinheiro, em um sentido de preservar o caráter de quem o possui, implica em diversas restrições como a obtenção por vias laboriosas sofridas, o uso em nome da subsistência da família ou a doação em benefício de pessoas menos afortunadas são exemplos. A questão é que o status de "boa pessoa", ou de uma certa nobreza, não condiz moralmente com o acúmulo de dinheiro, e a psicanálise, embora se coloque em muitos contextos como campo "marginal", não escapa a essa lógica. É preciso que o analista represente um lugar bem-quisto na transferência, e o tabu do dinheiro pode ameaçar esse lugar.

Devoção, gratidão e culpa

Ao pensarmos a relação analítica atravessada pelo dinheiro por meio das lentes de Ferenczi, duas passagens são fundamentais. Vamos a elas:

> É evidente que não penso que o analista deva ser mais do que modesto; ele tem todo o direito de esperar que a interpretação apoiada na experiência se confirme mais cedo ou mais tarde, na grande maioria dos casos, e que o paciente ceda à acumulação de provas. Mas, em todo caso, é preciso aguardar pacientemente que o doente tome a decisão; toda impaciência por parte do médico custa ao doente tempo e dinheiro, e ao médico uma quantidade de trabalho que teria perfeitamente podido evitar (Ferenczi, [1928c] 2011, p. 36).

> A análise é uma boa ocasião de efetuar sem culpa (sem sentimento de culpa) ações inconscientes puramente egoístas, sem escrúpulos, imorais, que se poderia até qualificar de criminosas, e de ter condutas da mesma natureza; por

> exemplo, o sentimento de seu poder sobre uma série de pacientes que o consideram com devoção sem defesa e admiram-no sem reservas. Prazer sádico diante do sofrimento e da impotência deles. Nenhuma preocupação quanto à duração da análise, inclusive uma tendência para prolongá-la por razões financeiras: pode-se assim transformar os pacientes, se se quiser, em contribuintes vitalícios (Ferenczi, [1932] 1990, p. 247).

É raro encontrar no debate psicanalítico falas abertas sobre a questão do trato com o dinheiro. O mais comum é testemunharmos — ou reproduzirmos — discursos sobre o ganho financeiro do analista como mero reflexo da implicação do paciente no processo, ou uma correlação descontextualizada sobre componentes da pulsão anal. "A análise deve ser cara ao paciente" talvez seja o recorte mais conhecido, como uma justificativa de que pagar altos valores pela análise faz parte do escopo de ferramentas do manejo transferencial.

No primeiro trecho destacado de Ferenczi, retirado de "Elasticidade da técnica psicanalítica", observamos um aspecto que atravessa a relação do analista com o dinheiro: não cobramos por "cura", visto que o tempo e o processo podem variar amplamente de pessoa para pessoa, entretanto, se cobramos por sessão, por tempo de extensão do tratamento, ocasionais erros podem prolongar o processo analítico, fazendo com que o paciente gaste mais. Aqui, embora a fala do autor vá de encontro a um preceito de tratamento "eficiente", o principal aspecto não está obrigatoriamente no fator tempo[25], mas no narcisismo do analista ao desejar "estar certo", o que pode gerar o prolongamento despropositado de um determinado tema, prejudicando o processo analítico.

No segundo trecho, retirado da nota de 13 de agosto do *Diário*, Ferenczi vai mais além. Na questão do narcisismo do analista, não fala apenas da possibilidade de erro por vaidade, que seria um elemento defensivo, mas de uma atitude sádica ativa. A sensação de poder sobre o outro permite a vazão dos desejos perversos sem que a sua natureza seja desmascarada, visto que eles podem ser encobertos pela devoção do paciente. A expressão "contribuinte vitalício" é perfeita para figurar

---

[25] Embora Ferenczi tenha declarado que "uma análise de dez anos equivale em termos práticos a um fracasso" (Ferenczi, [1928c] 2011, p. 33), cabe uma contextualização acerca da frequência semanal. Em sua época não era incomum pacientes analisarem-se com uma frequência diária ao longo da semana, ou mesmo realizarem mais de uma sessão por dia, conquanto em nosso cenário atual as sessões normalmente são muito mais espaçadas, sendo comum sessões semanais ou duas por semana.

tanto o fenômeno de prolongamento de uma análise quanto a prática de preços que dificultem a vida dos pacientes com a desculpa de que eles não podem "gozar".

O dinheiro como tabu implica uma dualidade que atinge qualquer ser humano, inclusive os analistas. O primeiro elemento é o do prazer. Até em sujeitos altamente abnegados o dinheiro é bem recebido, mesmo que seja para realizar atos de caridade. Se o entendimento geral é de que o ser humano gosta de dinheiro, por quaisquer razões possíveis, seria um erro pensar que o analista não gosta. Entretanto, como tabu, o dinheiro possui, no imaginário social, esta característica impura, que corrompe quem por ele se encanta. Isto não combina com a face altiva e benevolente do analista. Projetar no paciente e no tratamento o próprio desejo pelo dinheiro equivale a uma defesa do analista para manter-se, falsamente, "puro".

Em carta para Freud, datada de 2 de janeiro de 1909, Ferenczi escreve:

> Se não soubesse que a gratidão implica também sempre um sentimento de culpa e que esse sentimento mais separa do que une os homens, entregar-me ia sem escrúpulos a ele. Assim sendo, aceito o seu oferecimento simplesmente como uma dádiva de meu feliz destino, lembrando-me de suas palavras em Berchtesgaden: "O ser humano também deve saber aceitar presentes" (Freud; Ferenczi, [1908-1911] 1994, p. 92).

Podemos perceber que a devoção do paciente, que serve como máscara para "as ações inconscientes puramente egoístas" em muito se assemelha com a gratidão aqui mencionada. A confissão de Ferenczi a Freud, de querer entregar-se sem escrúpulos à gratidão, demonstra uma certa inclinação humana à devoção por nossas figuras salvadoras e benevolentes, o que facilmente se confirma na observação prática do mundo. Pela via do tato analítico, esta tendência à gratidão é facilmente percebida pelo analista, que, perversamente, poderá dela se beneficiar de forma extremamente discreta.

Não fosse a face perversa desse tipo de manejo, o sentimento de culpa por parte de quem é "grato" torna-se um outro problema em forma de grilhão na relação analítica. A gratidão vitalícia implica em culpa por metaforizar um sentimento de dívida para com quem se é grato, e se se deve ao analista, a relação não será emancipadora.

Por que não falamos de dinheiro?

Esconder as próprias intenções acerca do dinheiro não se distancia da hipocrisia profissional (Ferenczi, [1928c] 2011). O manejo analítico, segundo Ferenczi, consiste não em um foco excessivo nas interpretações, mas em uma presença curativa, "A presença de quem se possa compartilhar e a quem se possa comunicar a alegria e o sofrimento" (Ferenczi, [1932] 1990, p. 248).

Já se sabe que tratar as questões de pagamento como alheias à transferência é um erro, visto tanto a questão sintomática de desvalorizar o processo, quanto o cuidado com uma possível fragilidade financeira que possa acometer o paciente. A linha é tênue. Entretanto a saída projetiva de considerar os elementos de decisões acerca de preço e valor da análise que relega tudo às causas do inconsciente do paciente, que por vezes apresenta-se fragilizado e incapaz de reagir a qualquer abuso, também consiste, conforme exposto, em um uso perverso da transferência.

Se, segundo Ferenczi ([1932] 1990), o curso da análise se desenvolve a partir da pessoa do analista como presença curativa, havemos de concordar que é mais do que justo que um analista possa ter a liberdade de estabelecer seu preço, bem como recusar qualquer proposta de análise fora de seus parâmetros, se assim quiser. A crítica consiste, não em um sentido de baratear o que é da ordem da decisão subjetiva do analista, mas sim que este saiba bancar sua decisão e assumir responsabilidade sobre ela frente ao paciente.

Ao convergir com a dimensão tabu do dinheiro, defendendo-se da contaminação e projetando decisões dessa ordem ao desejo ou sintoma do paciente, a isenção do analista implica em uma espécie de desmentido, a "afirmação de que não aconteceu nada" (Ferenczi, [1931] 2011, p. 91), de que não existe uma realidade financeira alheia ao inconsciente que interfere em condições de pagamento.

Por outro lado, para além do caráter de moeda de compra, há questões implícitas do cenário psicanalítico que interferem nos acordos monetários entre pacientes e analistas. Há certo aspecto de vaidade, de analistas e por vezes de pacientes, que associa o preço pago ao valor ou status social do analista. Em outras palavras, subsiste uma crença inconsciente de que o preço da sessão define o valor do analista. Isto dificulta debates abertos sobre a condição do preço das sessões de análise, visto que analistas que praticam preços menores podem sentir-se constrangidos, conquanto analistas que praticam valores exorbitantes, pela questão do tabu do dinheiro, não podem se "gabar" de seu "valor", visto que isto ofuscaria sua "nobreza e benevolência".

Enfim, deparamo-nos mais uma vez com o ofício impossível da psicanálise (Freud, [1937a] 2006), visto que, neste, como em outros campos da ética e do manejo, "não podemos exigir que o analista em perspectiva seja um ser perfeito antes que assuma a análise, ou em outras palavras, que somente pessoas de alta e rara perfeição ingressem na profissão" (p. 265).

Resta lançar luz à questão, que merece destaque no debate sobre o manejo em psicanálise como tantas outras, compreendendo-se que a isenção de responsabilidade acerca do estabelecimento do preço pode não apenas prejudicar a subsistência do paciente, caso este não tenha recursos para contra-argumentar situações de abuso financeiro, como também induz à gratidão nociva e apassivadora que interfere negativamente no curso da análise.

Vale lembrar que quem se isenta da responsabilidade e decisão, silenciosamente, já escolheu o lado do opressor.

CARTA AOS NOVOS AUTORES[26]

A paixão de escrever não tem limites: faz reviver famílias separadas, cria famílias epistolares, conceitos, formas, sonhos.

(Luiz Prado de Oliveira, Anos Loucos: Histórias da psicanálise às margens dos anos 1920)

O ato de escrever, como impressão, expressão e transmissão de um conjunto de ideias, argumentos, dúvidas, anseios e fantasias, por meio da linguagem verbal, pode evocar diferentes afetos a cada sujeito que se vê frente ao papel e à caneta (ou ao teclado).

Nesse sentido, uma primeira questão a ser colocada à mesa seria a da transferência com o próprio ato de escrever, ou seja, os sentimentos e sensações que a escrita é capaz de propiciar a cada escritor. E ao colocarmos a transferência em voga, a verdade é que o desdobramento é virtualmente infinito. É possível que surjam sujeitos que amem escrever, que se sintam corajosos, realizados, outros que até gostem, mas temam os resultados de seus textos, envoltos em um medo do julgamento dos leitores, conquanto outros podem simplesmente ser indiferentes, e por aí vai.

Há quem diga, especialmente no campo psicanalítico, que questões da transferência devem ser tratadas apenas em análise, todavia, há também (e que bom que há) os discordantes, afinal, o fenômeno da transferência cerceia todas as relações humanas, incluindo a relação professor-aluno. Desse modo, embora a comunicação verbal não seja suficiente para que possamos delinear possíveis caminhos da escrita, uma vez que há apenas a minha fala e falta a escuta de quem me lê, gostaria de introduzi-los à primeira questão: há lugar para nossos sentimentos e questões em nossa escrita. Não apenas há, mas eles são primordiais.

Sándor Ferenczi, psicanalista húngaro, compreende como "paixão" a força de movimento "aloplástica" ([1933b] 2011). Transformações plásticas são aquelas que modificam a forma de algo, como quando torcemos uma garrafa PET e ela muda de forma. Já o prefixo de origem grega *alo*, faz referência a "outro", ao que está fora de si. A paixão como força de

---

[26] Texto base para a aula de abertura da disciplina "Oficina de escrita", do curso de Pós-Graduação Lato Sensu em Psicanálise, teoria e técnica, da Universidade do Vale do Paraíba.

transformação aloplástica é o que faz com que toquemos o mundo, com que exerçamos nossa força sobre ele. Conhecer e trabalhar nossos afetos em relação à escrita para que a paixão possa saltar às páginas é o que diferencia textos de TEXTOS.

Ernst Jones, conhecido por ser o primeiro biógrafo de Freud, trabalha em sua teoria da linguagem a ideia de que o simbolismo é sub sublimado (*under-sublimated*), conquanto a metáfora é super sublimada (*oversublimated*) (Jones, [1913] 1977). O texto é de difícil acesso, mas a quem interessar, ele é ricamente comentado por Lacan em "À memória de Ernest Jones: Sobre sua teoria do simbolismo" ([1959] 1998).

Mas o que raios essas coisas querem dizer? Bom, o entendimento da psicanálise a partir de Freud é de que a sublimação é o processo psíquico no qual pulsões, normalmente recalcadas, impedidas de fluírem para o caminho do desejo, são empregadas em outro fim, comumente algo artístico. Jones, entretanto, trabalha a ideia de que a linguagem é permeada de pulsões. O que ele chama de simbolismo faz referência à comunicação literal, de interpretação precisa e de compreensão comum a quem quer que a receba (uma placa de trânsito de conversão obrigatória à direita, por exemplo, dificilmente será interpretada de outra forma). Isto é presente em muitos textos informativos.

Já a metáfora, para Jones, é a comunicação que possibilita múltiplos sentidos. Isto toca a escrita em psicanálise de uma forma essencial: é claro que o campo psicanalítico também é feito de exposições conceituais necessárias à compreensão do psiquismo, entretanto, a psicanálise é, por excelência, um campo do saber voltado à pluralidade, ao inconsciente e à criticidade. Nesses termos, um bom texto psicanalítico, embora comunique bem sua mensagem, desperta a capacidade de pensar, de criticar, de fantasiar. Um texto capaz de exercitar a metáfora nos termos de Jones, super sublimado. Este elemento é aquilo que "toca". E é importantíssima a consideração de que a sublimação, a aplicação de uma pulsão em outra tarefa socialmente aceita, esteja presente nesse processo, visto que a escrita trata de uma comunicação.

Nasio, em seus estudos sobre sublimação, estabelece que "Uma obra só pode ser qualificada de 'sublimada' se desencadear no espectador o mesmo impulso criador que levou o artista a produzi-la" (2017, p. 96).

Devo ressaltar que "o mesmo impulso criador" não significa que o espectador que vê a *Mona Lisa*, por exemplo, vá pintar outra Mona Lisa.

Isto seria no máximo um "impulso copiador". Mas o espectador da obra verdadeiramente sublimada, segundo Nasio, será invadido pelo impulso de criar, mesmo que seja para recriar os próprios pensamentos, ideias, e a sua própria visão de mundo. Ele será colocado em movimento. "A obra produzida por sublimação suscita no espectador não só o desejo de produzir, como, mais que isso, o gozo de superar a si mesmo" (Nasio, 2017, p. 97).

Aqui acredito que chegamos ao desenvolvimento de uma ideia de que é preciso que a questão transferencial com a escrita esteja posta para que surja a paixão e a sublimação através do texto, e de que o texto precisa ser produto dessa sublimação para que ele tenha o efeito transformador.

Entretanto é triste quebrar o romantismo para dizer: apenas paixão e sublimação não bastam. Normalmente um autor aprende isto a duras penas ao longo de seu percurso. Toda escrita tem seu campo de circunscrição, e todo campo tem suas regras. As regras acabam puxando as coisas um pouco mais para o simbolismo sub sublimado do que para a metáfora super sublimada, afinal elas determinam caminhos específicos e literais que devem ser respeitados para que o texto tenha direito a um lugar em determinado meio.

Aqui falo mais estritamente do meio acadêmico, que diz respeito às construções textuais originadas em universidades, a "academia", para os íntimos. Textos acadêmicos são margeados por suas regras de formatação (APA, ABNT, Vancouver), e por uma estruturação específica que compreende a determinação de uma questão de pesquisa (o que você quer responder), a formulação de uma hipótese, levantamento de dados, justificativa da relevância da pesquisa proposta e objetivos geral e específico com o trabalho empreitado.

Para além das regras, há outras considerações que interferem na produção de um bom texto acadêmico, como a organização dos assuntos tratados no desenvolvimento das ideias, a passagem de um parágrafo a outro de forma a manter o texto integrado, o jeito de se utilizar referenciais teóricos... Saliento as regras que embasam esse percurso para lançar a questão: como se produz um texto apaixonado e apaixonante frente às regras da academia? Como expressar-se com espontaneidade quando o texto é atravessado por regras que não são suas?[27]

---

[27] Esta frase me foi dada por um paciente, que, por natureza da relação, não posso identificar, mas que não poderia deixar de mencionar.

Essa última interrogação foi a questão de pesquisa que me moveu a revisitar alguns livros antigos, a pensar, a ter meu "impulso criador" despertado e a ousar escrever, e acredito que este seja o começo da resposta, afinal, por mais limitante que a escrita acadêmica possa parecer em primeira análise frente às questões de sublimação e impulso criador, ela é, de fato, o resultado de uma PESQUISA.

Pesquisamos quando somos tocados pela curiosidade em relação a algo. Desse modo, minha primeira proposta é a de que construímos um texto acadêmico apaixonado e apaixonante como consequência do encontro com um objeto de pesquisa igualmente apaixonante. Assim a minha questão assume uma nova versão, uma mais prática: como construir um bom objeto de pesquisa?

Há uma razão para tê-los chamado de "jovens autores". Jovens com certeza por tratarmos aqui do início de um percurso, uma jovialidade na escrita psicanalítica, jovialidade esta que não deve ser subestimada, visto que a força do movimento e da mudança provém de um estado de juventude de espírito. Autores, porque, se ainda não o são, estarão prestes a se tornarem sujeitos de uma obra, e é a nossa obra que dá pistas de sua continuidade, do mesmo modo que os psicanalistas que vieram antes de nós seguiram seus percursos em investigações e escritas para dialogar, em continuidade, com as questões antepostas.

O filósofo Michel Foucault trabalha em uma comunicação à *Société Française de Philosophie* o tema "O que é um autor?". Nessa exposição, após percorrer várias ideias em seu estilo próprio e problematizador, Foucault propõe ao conceito de autor a definição como sujeito de uma obra. Por outro lado, "A palavra 'obra' e a unidade que ela designa são provavelmente tão problemáticas como a individualidade do autor" (Foucault, [1969] 2018, p. 39). Nisto as exposições do filósofo se desdobram entre a determinação de obra em diversos campos do saber. A nós, toca especificamente a construção do objeto obra no campo das "discursividades", como hão de ver a seguir.

O campo das discursividades, no qual Foucault descreve explicitamente que a psicanálise está inserida, é o conjunto dos saberes que não se desenvolvem em progresso linear. Isto quer dizer que, por exemplo, na física, se descobríssemos hoje algum rascunho inédito de Newton, nada mudaria na direção dos avanços já conquistados dos desdobramentos de seus estudos. Por outro lado, cada rascunho inédito descoberto de Freud,

Lacan, Winnicott e outros, provoca um verdadeiro rebuliço na forma de observar-se o saber psicanalítico construído até então. O campo das discursividades é um campo de eterno retorno às origens, e a obra em psicanálise, por consequência, acompanha esse movimento.

Desse modo, como autores em busca de nossos objetos de pesquisa, somos sujeitos de nossa obra, o que já foi feito e o que ainda está por vir. Entretanto a definição de obra é problematizada pelo filósofo de um modo valioso para nosso processo de autodescoberta. Tudo que um autor escreve é objeto de sua obra? Acredito que, como na própria experiência da análise pessoal, o retorno às origens a revelará.

Foucault propõe, ainda nessa conferência, e certamente concordaremos, que todos os livros escritos por Freud fazem parte de sua obra. Os rascunhos não publicados? Também. Cartas? Certamente. Mas e se encontrássemos em meio aos escritos do pai da psicanálise uma lista de compras?

Se o autor é o sujeito de sua obra, um fato patente é que nem tudo que é por ele escrito compõe essa obra. Nesse sentido, o método que ouso propor é que possamos pensar em tudo que já escrevemos até aqui. Para além de escrever, o que inventamos, imaginamos, narramos, das fantasias infantis aos poemas apaixonados ou textos melancólicos da adolescência. Das anotações acerca de aulas marcantes às justificativas em recursos de multas no Detran. Mesmo que não se possa lembrar de tudo em riqueza de detalhes, que possamos colocar à mesa o máximo de nossa escrita ao longo de toda a vida.

Disso tudo, o que poderemos usar para a localização de nossa obra? Foucault apresenta o método bíblico de definição de obra, proposto por São Jerônimo. É fato conhecido que a Bíblia é um conjunto selecionado de livros, bem como alguns livros são creditados a determinado autor sem que ele necessariamente tenha escrito o texto. O que, entretanto, nem sempre é conhecido, é o método utilizado para tal organização, que é composto por quatro passos:

> São Jerônimo apresenta quatro critérios: se entre vários livros atribuídos a um autor, houver um inferior aos restantes, deve-se retirá-lo da lista de obras (o autor é definido como um certo nível constante de valor); do mesmo modo, se alguns textos estiverem em contradição de doutrina com as outras obras de um autor (o autor é assim definido como um certo campo de coerência conceitual ou teórica);

> deve-se igualmente excluir as obras que são escritas num estilo diferente, com palavras e maneiras que não se encontram habitualmente nas obras de um autor (trata-se aqui do autor como unidade estilística); finalmente, devem ser considerados como interpolados os textos que se referem a acontecimentos ou que citam personagens posteriores à morte do autor (aqui o autor é encarado como momento histórico definido e ponto de encontro de um certo número de acontecimentos) (Foucault, [1969] 2018, p. 52-53).

Acredito que seja claro que em nosso exercício de delimitação de nossas obras o passo 4, que diz respeito à cronologia, será descartado, visto que se trata de um processo de autoanálise, entretanto, o primeiro passo também deve ser olhado com certo cuidado e tendência ao descarte, visto que nesse exercício o que está em jogo não é a análise de um conjunto de textos altamente elaborados. Excluir elementos por não atenderem a um certo "nível" de escrita poderia colocar muito da experiência a se perder.

Desse modo, o objetivo é refinar os muitos esboços de ideias que tivemos ao longo de nossas vidas pelas lentes dos passos 2 e 3, entretanto, considero a inversão da ordem necessária à didática, visto que o passo 2 é o que mais demarca o sentido da obra. Também sugiro que sejam acrescentados ao conjunto de escritos e ideias os conteúdos literários e artísticos já consumidos, visto que, conforme Nasio, eles causam-nos impulsos criadores.

Então, primeiramente, é necessário que observemos sobre todo o material uma possível linha comum entre os estilos de escrita, o que ajuda com o descarte de irrelevâncias, como a referida lista de compras de Freud[28]. Não é necessário, entretanto, que se descartem escritos e ideias meramente por gêneros literários, prosa, poesia, informativo etc., visto que diferentes gêneros podem se inter-relacionar em termos dos elementos comunicados. É, de fato, um juízo de valor, e como tal, apenas o próprio autor estará autorizado a fazê-lo.

No segundo momento, talvez o mais decisivo, observar-se-á o conjunto de relevâncias determinado pelo autor, a fim de estabelecer os materiais que possuam uma concordância entre si em termos de temas, os assuntos de interesse, excluindo-se os conteúdos marginais. Aqui

---

[28] Aqui é necessário salientar que mesmo uma lista de compras, um bilhete ou qualquer papel amassado têm relevância sociológica e histórica no estudo de um autor, a considerar-se o contexto de sua vida. Desse modo, o descarte descrito tem efeito apenas para o presente exercício de autodescoberta e delineamento autobiográfico da direção da obra.

permaneceram apenas os elementos produzidos interligados, os mais presentes ao longo da vida, bem como os conteúdos consumidos relacionados. Outro fator a ser observado nessa etapa, embora não implique obrigatoriamente em um fator de exclusão, é o endereçamento da obra. Muitas vezes escrevemos coisas que, após escritas e extravasadas, perdem a potência, como um desabafo. Devemos ter especial atenção a esses casos, pois eles guardam muito do nosso material psíquico.

Nisto é possível observar uma direção da obra, um fio comum que conduziu o caminho do autor, e esse processo por si só já é bastante revelador em termos de confrontá-lo com os interesses que são capazes de causar movimento.

Por fim, é válido ressaltar que esse exercício de autoconhecimento tem por objetivo apontar um caminho em direção a um objeto de pesquisa ainda desconhecido baseado na história de vida do sujeito, contando com as muitas pulsões já investidas, o que pode significar que embora direcionado ainda seja necessária uma delimitação metodológica para que a ideia abstrata caiba nas regras acadêmicas. Também é importante pensar que o fio de uma obra em sua história de vida não determina necessariamente tudo o que você vá escrever daqui para frente, visto que um mesmo Fernando Pessoa pode ser mais de um autor.

POSFÁCIO: O FIM?

Inicio este posfácio com uma questão que movimentou diversos afetos em mim: como finalizar uma obra? Creio que, assim como dar um basta em uma análise, finalizar uma obra é verdadeiramente desafiador. Estou aqui colocando um ponto final em algo que não merece um fim, mas sim reticências.

Tal cobiça pela continuidade resgata fantasias desejantes infantis, como uma criança que questiona os pais sobre o motivo de encerrar um dia de diversão em um parque temático. O infante não compreende os deveres e afazeres do mundo adulto, tampouco entende as regras que regem o horário de funcionamento do parque. Assim como uma criança entretida em seu infindo momento festivo, sinto-me preso em tais questionamentos. Por que devemos acabar este livro?

Nos bastidores da produção desta obra, inúmeras vezes fui surpreendido pelo Marcos quando ele me contatava no WhatsApp para informar que adicionara mais materiais à produção do livro. Certa vez, ele iniciou uma conversa com as seguintes palavras: "Não me mata", pois havia acrescentado novamente mais conteúdo. Tal situação, que se tornou corriqueira em nossa conversa, acabou gerando uma piada interna, na qual eu brincava com ele acerca do fim da obra: "Já já você vai criar — literalmente — uma bíblia analítica".

É interessante observar os movimentos feitos a partir de tal conversa, evidenciando o investimento afetivo que estava direcionando à criação da obra, e eu sempre me divertia com as situações, como duas crianças brincando uma com a outra. Cada uma com sua própria fantasia, nos "bem-aventurando" nessa "infância afetiva" criada a partir da nossa relação.

Retornando ao primeiro parágrafo deste posfácio, proponho uma alteração no questionamento, pois, é necessário encerrarmos a obra. Não será possível enviar novas páginas semanais para os leitores que adquirirem o livro, seguindo o formato do já quase falecido jornal. Assim, a indagação seria a seguinte: o que faremos após o fim?

O processo analítico desbravado pelo paciente e seu analista, consiste em altos e baixos, períodos em que nos encontramos sem vontade alguma de comparecer à análise, até momentos em que contamos nos dedos os dias da semana para que possamos conversar e nos conectarmos a essa outra pessoa que parece — fantasmaticamente — nos conhecer mais que nós mesmos. Tal caminhar tende a se encerrar em um certo capítulo, assemelhando-se, por exemplo, a esta obra, onde estamos nos preparando para dizer adeus e alçarmos voo para uma próxima leitura ou etapa em nossas vidas.

Mas, assim como no mundo literário, a análise pode gerar um desejo pela infinidade. Porém tal desejo parte do analista, pois o paciente se encontra em um estado que se assemelha ao nirvana, uma onipotência que nos faz recordar da própria onipotência infantil descrita por Ferenczi e abordada anteriormente em outros capítulos. O conceito de finito não é pautado na psique do paciente, sendo delegado ao analista que elabora em sua mente a possibilidade de um fim. Sendo assim, o único que fantasia um basta analítico é o próprio analista.

Assim como a criança que articula e projeta suas fantasias no parque de diversões, imaginando-se em diversos cenários fictícios que, para ela, são mais que reais, o analista — nesse exemplo enquanto criança — faz de sua clínica seu parque de diversões, e sua transferência com seus pacientes, sua aventura de faz de conta. Porém os pais que antes encerravam a diversão do filho agora aparecem de forma figurativa nos "empecilhos da vida adulta", como valores financeiros, opressões, medos, desmentidos etc. Semelhante a uma criança já traumatizada, que conhece o modus operandi de seus pais como figuras que calam e punem, o analista toma conhecimento da existência "de seus pais" logo no início de sua vida adulta, compreendendo que a análise — ao contrário de uma fantasia infantil saudável — tem fim.

Durante a análise, perante algum — mesmo que fantasioso — sinal de fim, o analista encontra seu investimento libidinal em seu paciente ameaçado, podendo adotar uma postura infantilizada que preza pela retenção do paciente em sua clínica. Esse movimento pode ser observado no capítulo deste livro que trata da relação com o capital.

Assim como o *furor sanandi* é baseado na forma obsessiva de amor por parte do analista, que leva a uma compulsão pela cura, proponho uma outra forma de visualizarmos o investimento libidinal por parte do analista, cujo objetivo é manter o paciente como paciente. Porém pretendo levar tal ideia além dos pontos capitalistas já abordados. Permeando o semblante analítico e pensador, corroendo as defesas e indo além das publicações científicas e títulos acadêmicos, por fim, atingindo o ser.

Por que o fim amedronta tanto o analista? Além do fim de um contribuinte vitalício (Ferenczi, [1932] 1990), o analista perde um companheiro que, por muitas vezes, pode estar conectado através da transferência a tópicos íntimos do próprio analista. Pois, no fim, o profissional também pode carecer de uma companhia para brincar.

Para iniciar tal concepção, a definição de paciente é essencial. Para além do conceito clássico de "paciente", passamos a uma compreensão que parte dos afetos do próprio analista, sendo assim uma definição pela ótica dos afetos. Como mencionado anteriormente, o paciente pode estar para o analista, assim como a criança que se propõe a brincar com a outra, exercendo um papel central na dinâmica afetiva que tange tal relação.

Apesar da definição afetiva de paciente ser subjetiva, concebendo a possibilidade de que cada analista tenha sua própria interpretação, a constante que podemos observar seria a importância afetiva que tal indivíduo carrega, sendo a companhia para o analista solitário, talvez a expressão de um "sucesso" suficientemente bom, ou até mesmo, um fracasso que incomoda e arranha o próprio narcisismo. Independentemente da interpretação, é clara a importância do paciente enquanto ser, pois um analista necessita de um analisando para manter-se em sua posição.

Tal importância pode partir de um pressuposto que não é cotidianamente encarado de forma ativa, e analisado de forma crítica e preocupada com a vulnerabilidade não expressa do analista, como se o próprio fosse desmentido pela suposta posição de conhecimento na qual se encontra, onde não há espaço para demonstrar suas dores, ansiedades, vontades ou subjetividade. Os analistas passam por processos que, como ilustrado nesta obra, não permitem que o próprio desejo em relação ao preço das consultas não seja assumido por ele, e sim deslocado ao paciente, culpando-o.

Na dinâmica que ocorre quando falamos sobre dinheiro na clínica, imagino um cenário que se equipara a uma sala de interrogatório, idêntica às que podemos observar em filmes ou séries policiais norte-americanos, onde o suspeito — na clínica, o paciente — é interrogado pelo policial "profissional" e sem expressão, com suas emoções nulificadas e personalidade ríspida. Porém outro investigador está atrás de um vidro espelhado que permite uma visão unilateral; assim, o paciente não o vê, mas no lugar do analista, há uma imagem distorcida do próprio paciente. Logo, o único desejo que o paciente enxerga é o próprio, distorcido pelo figurativo vidro espelhado que divide os dois seres desejantes. Durante a dinâmica entre investimentos afetivos e financeiros, o analista convence o paciente de que o desejo ou a resistência de não aceitar o valor cobrado é de própria autoria, terceirizando a culpa do possível fim. Culpa que, devido à dor que proporciona, não é facilmente carregada pelo analista, que anseia por uma companhia suficientemente boa.

A dinâmica que desmente e cala o ser desejante que veste a máscara analítica pode tornar a jornada na clínica muito dolorosa e solitária, mas o paciente está presente ao lado do solitário analista. A clínica, quando fora do possível perigo — imaginário — da finitude, torna-se um local seguro tanto para o paciente quanto para o analista, onde o profissional pode pendurar suas dores e angústias na porta de entrada, no estilo europeu antigo, em que era comum deixar o chapéu na entrada dos estabelecimentos, assim, suspendendo suas mazelas e aproveitando a companhia de outro ser que — também — passa por sofrimentos.

O analista não deixa de ser um indivíduo debilitado, que por muitas vezes não encontra a tão desejada suficiência em suas relações ou análises pessoais, e que no fim, pode encontrar tal afeto em um local que não imaginava: justamente no ser que o solicita ajuda, assim como um pai ou uma mãe que encontra conforto em seu filho ou filha, o acolhimento genuíno que é feito a partir da inocente ternura.

Assim como a criança que não deseja ir embora do parque de diversão, ou eu que não sei encerrar uma obra, o analista não deseja encerrar a análise com o paciente que o acolhe. Isto produz um fenômeno que nomeio *furor tenendi*, onde o analista cria um irracional e fervoroso desejo em reter, manter o paciente como "paciente", não caminhando para o fim de sua análise ou para sua eventual "cura". Tal fenômeno traz suficiência a um questionamento que surgiu em mim durante minha caminhada pelas técnicas e teorias ferenczianas. Quando me deparei com o apontamento de Ferenczi acerca dos analistas que transformam o paciente em contribuinte vitalício, vislumbrei horizontes ainda mais distantes, não me prendendo à questão pontual do capital. Claro, o dinheiro tem sua importância nessa dinâmica, mas o apontamento não foi suficiente.

A contribuição vitalícia ultrapassa o capital e atinge o ser, onde talvez o analista expresse pela via capitalista um sentimento que não permite elaborar algo que parte dos mais profundos calabouços do recalque: a solidão. A solidão só existe para aquele que é abandonado, ou seja, o paciente que não pensa ou articula acerca do fim da análise, não compreende os motivos ou circunstâncias que tal solidão podem afetá-lo. Porém o analista que tem como um dos objetivos a "cura" e consequentemente, a alta do paciente, sofre com tal pensamento obsessivo e paranoico.

Ferenczi traz certa conotação perversa ao analista que persiste em prolongar a estadia de seus pacientes, ao afirmar que a clínica analítica é uma "boa ocasião de efetuar sem culpa (sem sentimento de culpa) ações inconscientes puramente egoístas..." (Ferenczi, [1932] 1990, p. 247). Porém, seguindo a mesma postura adotada por Marcos durante a produção do capítulo em que questiona e adequa o termo "complexo de Édipo", sugiro uma nova interpretação e possível adequação da visão de Ferenczi acerca do analista que posterga a "alta" do paciente.

Por fim, a então "adequação" que proponho é direcionada ao sentido de manter a subjetividade afetiva do analista, que não renuncia a seus próprios afetos para atender seus pacientes; pelo contrário, oprime-os e acredita que está seguindo seus próprios desejos, como um superego muito voraz e rígido, assim como a identificação apontada por Alice Balint e citada em capítulos passados. A meu ver, Ferenczi não interpretou com precisão a verdadeira identidade do analista nessa situação, sendo uma criança sozinha e triste, que busca quase obsessivamente por outra para poder brincar juntas, assim como apontado por Marcos, porém na perspectiva contrária.

E seguindo o estilo que Marcos utilizou para abrir seus capítulos, aqui proponho o mesmo, mas para encerrar seu livro. Uma música que acredito que possa ser dedicada à solidão e posterior satisfação de ter alguém perto, alguém que te entende. Um paciente, que é paciente o suficiente para compreender e perdoar os pecados do analista (Ferenczi, [1932] 1990).

Muito obrigado pela oportunidade, Marcos.

O meu coração
Já estava acostumado
Com a solidão
Quem diria que a meu lado
Você iria ficar.

(Marisa Monte, Ainda Bem)

Luís Eduardo Lopes de Oliveira Alves

Psicólogo, estudante de Psicanálise e paciente do Marcos

REFERÊNCIAS

ALMEIDA JÚNIOR, A.; MURSA, M. **O livro das mamães**: Noções de Puericultura. São Paulo: Cia Editora Nacional, 1933.

ALMEIDA, A. P. **Por uma ética do cuidado**: Ferenczi para educadores e psicanalistas. São Paulo: Blucher, 2023.

AVELLO, J. J. **L'île de rêves de Sándor Ferenczi**. Paris: Campagne Première, 2013.

BALINT, A. **Psicanálise da Infância** (1931). Rio de Janeiro: Razzah Publishers, 2022.

BALINT, M. **Techniques psychanalytiques**. New York: Basic Books, 1967.

BALINT, M. **O Médico, Seu Paciente e a Doença** (1964). São Paulo: Atheneu, 2003.

BALINT, M. **A falha básica** (1968). São Paulo: Zagodoni, 2014.

BARANGER, M.; BARANGER, W. A situação analítica como um campo dinâmico (1961-1962). **Livro Anual de Psicanálise**, v. 24, p. 187-214, 2010.

BARLOW, D. H.; DURAND, M. **Psicopatologia**: uma abordagem integrada. São Paulo: Cengage Learning, 2015.

BEAUVOIR, S. **O segundo sexo**: a experiência vivida (1949). Rio de Janeiro: Nova Fronteira, 2019.

BÍBLIA, A. T. Eclesiástico. *In*: **Bíblia Sagrada**. Tradução de Frei João José Pedreira de Castro. 25. ed. São Paulo: Editora Ave Maria, 2000.

BINSWANGER, H. C. **Dinheiro e magia**: uma crítica à economia moderna à luz do Fausto de Goethe (1985). Rio de Janeiro: Zahar, 2011. (Livro virtual).

BLEGER, J. **Simbiose e ambiguidade**. Rio de Janeiro: Francisco Alves, 1988.

BREUER, J.; FREUD, S. **Estudos sobre a histeria** (1893-1895). Rio de Janeiro: Imago, 2006. (Edição Standart Brasileira das Obras Psicológicas Completas de Sigmund Freud, 3).

CÂMARA, L. **Ferenczi e a psicanálise**: corpo, expressão e impressão. São Carlos: EdUfscar, 2021.

CARNEIRO, C. O adulto e seu mal-estar ante a criança e o adolescente. *In*: BRAN-CALEONI, A. P. L. **Psicanálise e processos formativos**: temas e experiências. Porto Alegre: Editora Fi, 2021. p. 189-210.

CARVALHO, R. Por que o Brasil tem a população mais ansiosa do mundo. **G1**, Saúde. 27 fev. 2023. Disponível em: https://g1.globo.com/saude/noticia/2023/02/27/por-que-o-brasil-tem-a-populacao-mais-ansiosa-do-mundo.ghtml. Acesso em: 28 mar. 2024.

DUPONT, J. Prólogo. *In*: FERENCZI, S. **Diário clínico**. Tradução de Cláudia Berliner. São Paulo: Martins Fontes, 1990. p. 11-28.

FERENCZI, S. O espiritismo (1899a). *In*: FERENCZI, S. **Os primeiros pensamentos de Sándor Ferenczi**: escritos pré-psicanalíticos. Tradução de Carolina Palha. Rio de Janeiro: Razzah, 2022. p. 13-20.

FERENCZI, S. O tratamento da furunculose (1899b). *In*: FERENCZI, S. **Os primeiros pensamentos de Sándor Ferenczi**: escritos pré-psicanalíticos. Tradução de Carolina Palha. Rio de Janeiro: Razzah Publishers, 2022. p. 27-30. (Coleção Vozes da Psicanálise).

FERENCZI, S. Dois erros de diagnóstico (1900). *In*: FERENCZI, S. **Os primeiros pensamentos de Sándor Ferenczi**: escritos pré-psicanalíticos. Tradução de Carolina Palha. Rio de Janeiro: Razzah, 2022. p. 39-42. (Coleção Vozes da Psicanálise).

FERENCZI, S. Do alcance da ejaculação precoce (1908). *In*: FERENCZI, S. **Psicanálise 1**. Tradução de Álvaro Cabral. São Paulo: Martins Fontes, 2011. p. 1-4. (Obras completas Sándor Ferenczi, 1).

FERENCZI, S. Transferência e introjeção (1909). *In*: FERENCZI, S. **Psicanálise I**. Tradução de Álvaro Cabral. São Paulo: Martins Fontes, 2011. p. 87-124. (Obras completas, v. 1).

FERENCZI, S. Palavras obscenas (1911). *In*: FERENCZI, S. **Psicanálise I**. Tradução de Álvaro Cabral. São Paulo: Martins Fontes, 2011. p. 125-138. (Obras completas, v. 1).

FERENCZI, S. A quem se contam os sonhos? (1913a). *In*: FERENCZI, S. **Psicanálise II**. Tradução de Álvaro Cabral. São Paulo: Martins Fontes, 2011. p. 19. (Obras completas, v. 2).

FERENCZI, S. O desenvolvimento do sentido de realidade e seus estágios (1913b). *In*: FERENCZI, S. **Psicanálise II**. Tradução de Álvaro Cabral. São Paulo: Martins Fontes, 2011. p. 45-62. (Obras completas, v. 2).

FERENCZI, S. Ontogênese do interesse pelo dinheiro (1914a). *In*: FERENCZI, S. **Psicanálise II**. Tradução de Álvaro Cabral. São Paulo: Martins Fontes, 2011. p. 163-171. (Obras completas Sándor Ferenczi, 2).

FERENCZI, S. Análise descontínua (1914b). *In*: FERENCZI, S. **Psicanálise II**. Tradução de Álvaro Cabral. São Paulo: Martins Fontes, 2011. p. 173-175. (Obras completas Sándor Ferenczi, 2).

FERENCZI, S. O silêncio é de ouro (1916). *In*: FERENCZI, S. **Psicanálise 2**. Tradução de Álvaro Cabral. 2. ed. São Paulo: Martins Fontes, 2011. p. 315-316. (Obras completas, 2).

FERENCZI, S. As patoneuroses (1917). *In*: FERENCZI, S. **Psicanálise II**. Tradução de Álvaro Cabral. São Paulo: Martins Fontes, 2011. p. 331-342. (Obras completas, v. 2).

FERENCZI, S. Efeito vivificante e efeito curativo do "ar fresco" e do "bom ar" (1918). *In*: FERENCZI, S. **Psicanálise II**. Tradução de Álvaro Cabral. São Paulo: Martins Fontes, 2011. p. 377-382. (Obras completas, v. 2).

FERENCZI, S. Pensamento e inervação muscular (1919a). *In*: FERENCZI, S. **Psicanálise 2**. Tradução de Álvaro Cabral. 2. ed. São Paulo: Martins Fontes, 2011. p. 397-400. (Obras completas, 2).

FERENCZI, S. A técnica psicanalítica (1919b). *In*: FERENCZI, S. **Psicanálise II**. Tradução de Álvaro Cabral. São Paulo: Martins Fontes, 2011. p. 407-419. (Obras completas Sándor Ferenczi, 2).

FERENCZI, S. Dificuldades técnicas de uma análise de histeria (1919c). *In*: FERENCZI, S. **Psicanálise III**. Tradução de Álvaro Cabral. São Paulo: Martins Fontes, 2011. p. 1-8. (Obras completas Sándor Ferenczi, 3).

FERENCZI, S. Matemática (1920). *In*: FERENCZI, S. **Psicanálise IV**. Tradução de Álvaro Cabral. 2. ed. São Paulo: Martins Fontes, 2011. p. 203-214. (Obras Completas, 4).

FERENCZI, S. Prolongamentos da "técnica ativa" em psicanálise (1921). *In*: FERENCZI, S. **Psicanálise III**. Tradução de Álvaro Cabral. São Paulo: Martins Fontes, 2011. p. 117-135. (Obras completas Sándor Ferenczi, 3).

FERENCZI, S. O sonho do bebê sábio (1923). *In*: FERENCZI, S. **Psicanálise III**. Tradução de Álvaro Cabral. São Paulo: Martins Fontes, 2011. p. 223-224. (Obras completas, v. 3).

FERENCZI, S. As fantasias provocadas (1924a). *In*: FERENCZI, S. **Psicanálise III.** Tradução de Álvaro Cabral. São Paulo: Martins Fontes, 2011. p. 261-269. (Obras completas Sándor Ferenczi, 3).

FERENCZI, S. Thalassa: ensaio sobre a teoria da genitalidade (1924b). *In*: FERENCZI, S. **Psicanálise III.** Tradução de Álvaro Cabral. São Paulo: Martins Fontes, 2011. p. 277-357. (Obras completas, v. 3).

FERENCZI, S. Psicanálise dos hábitos sexuais (1925). *In*: FERENCZI, S. **Psicanálise III.** Tradução de Álvaro Cabral. São Paulo: Martins Fontes, 2011. p. 359-395. (Obras completas Sándor Ferenczi, 3).

FERENCZI, S. Contraindicações da técnica ativa (1926a). *In*: FERENCZI, S. **Psicanálise III.** Tradução de Álvaro Cabral. São Paulo: Martins Fontes, 2011. p. 401-412. (Obras completas Sándor Ferenczi, 3).

FERENCZI, S. As neuroses de órgão e seu tratamento (1926b). *In*: FERENCZI, S. **Psicanálise III.** Tradução de Álvaro Cabral. São Paulo: Martins Fontes, 2011. p. 413-420. (Obras completas, v. 3).

FERENCZI, S. A adaptação da família à criança (1928a). *In*: FERENCZI, S. **Psicanálise IV.** Tradução de Álvaro Cabral. São Paulo: Martins Fontes, 2011. p. 1-16. (Obras completas, v. 4).

FERENCZI, S. O problema do fim de análise (1928b). *In*: FERENCZI, S. **Psicanálise IV.** Tradução de Álvaro Cabral. São Paulo: Martins Fontes, 2011. p. 17-28. (Obras completas, v. 4).

FERENCZI, S. Elasticidade da técnica psicanalítica (1928c). *In*: FERENCZI, S. **Psicanálise IV.** Tradução de Álvaro Cabral. São Paulo: Martins Fontes, 2011. p. 29-42. (Obras completas, v. 4).

FERENCZI, S. A criança mal acolhida e sua pulsão de morte (1929). *In*: FERENCZI, S. **Psicanálise IV.** Tradução de Álvaro Cabral. São Paulo: Martins Fontes, 2011. p. 55-60. (Obras completas, v. 4).

FERENCZI, S. Princípio de relaxamento e neocatarse (1930). *In*: FERENCZI, S. **Psicanálise IV.** Tradução de Álvaro Cabral. São Paulo: Martins Fontes, 2011. p. 61-78. (Obras completas, v. 4).

FERENCZI, S. Análises de crianças com adultos (1931). *In*: FERENCZI, S. **Psicanálise IV.** Tradução de Álvaro Cabral. São Paulo: Martins Fontes, 2011. p. 79-95. (Obras completas Sándor Ferenczi, 4).

FERENCZI, S. **Diário clínico** (1932). São Paulo: Martins Fontes, 1990.

FERENCZI, S. A influência de Freud sobre a medicina (1933a). *In*: FERENCZI, S. **Psicanálise IV**. Tradução de Álvaro Cabral. São Paulo: Martins Fontes, 2011. p. 97-110. (Obras Completas, 4).

FERENCZI, S. Confusão de língua entre os adultos e a criança (1933b). *In*: FEREN-CZI, S. **Psicanálise IV**. Tradução de Álvaro Cabral. São Paulo: Martins Fontes, 2011. p. 111-122. (Obras completas, v. 4).

FERENCZI, S. Reflexões sobre o trauma (1934). *In*: FERENCZI, S. **Psicanálise IV**. Tradução de Álvaro Cabral. São Paulo: Martins Fontes, 2011. p. 124-136. (Obras completas, v. 4).

FERENCZI, S. **Les écrits de Budapest**. Paris: EPEL, 1994.

FERENCZI, S. **Os primeiros pensamentos de Sándor Ferenczi**: escritos pré--psicanalíticos. Rio de Janeiro: Razzah Publishers, 2022.

FIGUEIRA, F. **Consultas Práticas de Hygiene Infantil**. Rio de Janeiro: Editores Leite Ribeiro & Maurillo, 1919.

FOUCAULT, M. **O que é um autor?** (1969). Lisboa: Vega, 2018.

FRANCO, G. H. B. Prefácio. *In*: BINSWANGER, H. C. **Dinheiro e magia**: uma crítica à economia moderna à luz do Fausto de Goethe. Tradução de Maria Luiza X. de A. Borges. Rio de Janeiro: Zahar, 2011. p. 7-41. (Livro virtual).

FREUD, A. Difficultés survenant sur le chemin de la psychanalyse. **Nouvelle Revue de Psychanalyse**, v. 10, 1978.

FREUD, S.; FERENCZI, S. **Correspondência (1908-1911)**. Rio de Janeiro: Imago, 1994.

FREUD, S. Charcot (1893). *In*: FREUD, S. **Primeiras Publicações Psicanalíticas (1893-1899)**. Direção geral da tradução: Jayme Salomão. Rio de Janeiro: Imago, 2006. p. 21-33. (Edição Standart brasileira das obras completas de Sigmund Freud, 3).

FREUD, S. **Estudos sobre a Histeria** (1893-1895). Rio de Janeiro: Imago, 2006.

FREUD, S. As neuropsicoses de defesa (1894). *In*: FREUD, S. **Primeiras Publicações Psicanalíticas (1893-1899)**. Direção geral de tradução: Jayme Salomão.

Rio de Janeiro: Imago, 2006. p. 53-73. (Edição Standart das obras completas de Sigmund Freud, 3).

FREUD, S. A etiologia da histeria (1896). *In*: FREUD, S. **Primeiras Publicações Psicanalíticas (1893-1899)**. Direção geral da tradução: Jayme Salomão. Rio de Janeiro: Imago, 2006. p. 189-215. (Edição Standart brasileira das obras completas de Sigmund Freud, 3).

FREUD, S. **A interpretação dos sonhos** (1900). Rio de Janeiro: Imago, 2006.

FREUD, S. Fragmento da análise de um caso de histeria (1905 [1901]). *In*: FREUD, S. **Um caso de Histeria, Três Ensaios sobre a Sexualidade e outros trabalhos (1901-1905)**. Direção geral de tradução: Jayme Salomão. Rio de Janeiro: Imago, 2006. p. 19-118. (Edição Standard das obras completas de Sigmund Freud, 7).

FREUD, S. Três ensaios sobre a teoria da sexualidade (1905). *In*: FREUD, S. **Um caso de Histeria, Três Ensaios sobre a Sexualidade e outros trabalhos (1901-1905)**. Direção geral de tradução: Jayme Salomão. Rio de Janeiro: Imago, 2006. p. 124-228. (Edição Standard das obras completas de Sigmund Freud, 7).

FREUD, S. Delírios e sonhos na Gradiva de Jensen (1907 [1906]). *In*: FREUD, S. **"Gradiva" de Jensen e outros trabalhos (1906-1908)**. Direção geral da tradução: Jayme Salomão. Rio de Janeiro: Imago, 2006. p. 19-89. (Edição Standart brasileira das obras completas de Sigmund Freud, 9).

FREUD, S. Moral Sexual Civilizada e Doença Nervosa Moderna (1908). *In*: FREUD, S. **"Gradiva" de Jensen e outros trabalhos (1906-1908)**. Direção geral de tradução: Jayme Salomão. Rio de Janeiro: Imago, 2006. p. 165-188. (Edição Standard das obras completas de Sigmund Freud, 9).

FREUD, S. Cinco lições sobre psicanálise (1910a). *In*: FREUD, S. **Cinco Lições de Psicanálise, Leonardo da Vinci e outros trabalhos (1910)**. Direção geral de tradução: Jayme Salomão. Rio de Janeiro: Imago, 2006. p. 27-65. (Edição Standard das obras completas de Sigmund Freud, 11).

FREUD, S. A concepção psicanalítica da perturbação psicogênica da visão (1910b). *In*: FREUD, S. **Cinco Lições de Psicanálise, Leonardo da Vinci e outros trabalhos (1910)**. Direção geral de tradução: Jayme Salomão. Rio de Janeiro: Imago, 2006. p. 217-228. (Edição Standard das obras completas de Sigmund Freud, 11).

FREUD, S. Formulações sobre os dois princípios do funcionamento mental (1911). *In*: FREUD, S. **O Caso Schreber, Artigos sobre Técnica e outros trabalhos (1911-**

1913). Direção geral da tradução: Jayme Salomão. Rio de Janeiro: Imago, 2006. p. 237-245. (Edição Standart brasileira das obras completas de Sigmund Freud, 12).

FREUD, S. Recomendações aos médicos que exercem a psicanálise (1912). *In*: FREUD, S. **O caso Schreber, artigos sobre técnica e outros trabalhos (1914-1916)**. Direção geral de tradução: Jayme Salomão. Rio de Janeiro: Imago, 2006. p. 237-245. (Edição Standard das obras completas de Sigmund Freud, 12).

FREUD, S. Totem e tabu (1913). *In*: FREUD, S. **Totem e Tabu e outros trabalhos (1913-1914)**. Direção geral de tradução: Jayme Salomão. Rio de Janeiro: Imago, 2006. p. 21-167. (Edição Standart Brasileira das Obras Psicológicas Completas de Sigmund Freud, 12).

FREUD, S. Recordar, repetir e elaborar (1914a). *In*: FREUD, S. **O caso Schreber, artigos sobre técnica e outros trabalhos (1914-1916)**. Direção geral de tradução: Jayme Salomão. Rio de Janeiro: Imago, 2006. p. 237-245. (Edição Standard das obras completas de Sigmund Freud, 12).

FREUD, S. A história do movimento psicanalítico (1914b). *In*: FREUD, S. **A História do Movimento Psicanalítico, Artigos sobre a Metapsicologia e outros trabalhos (1914-1916)**. Direção geral de tradução: Jayme Salomão. Rio de Janeiro: Imago, 2006. p. 18-75. (Edição Standard das obras completas de Sigmund Freud, 14).

FREUD, S. Os instintos e suas vicissitudes (1915a). *In*: FREUD, S. **A História do Movimento Psicanalítico, artigos sobre Metapsicologia e outros trabalhos (1914-1916)**. Direção geral de tradução: Jayme Salomão. Rio de Janeiro: Imago, 2006. p. 123-145. (Edição Standard das obras completas de Sigmund Freud, 14).

FREUD, S. Repressão (1915b). *In*: FREUD, S. **A História do Movimento Psicanalítico, Artigos sobre Metapsicologia e outros trabalhos (1914-1916)**. Direção geral de tradução: Jayme Salomão. Rio de Janeiro: Imago, 2006. p. 145-164. (Edição Standard das obras completas de Sigmund Freud, 14).

FREUD, S. História de uma neurose infantil (1918). *In*: FREUD, S. **Uma Neurose Infantil e outros trabalhos (1917-1918)**. Direção geral de tradução: Jayme Salomão. Rio de Janeiro: Imago, 2006. p. 19-127. (Edição Standard das obras completas de Sigmund Freud, 17).

FREUD, S. Uma Criança é Espancada: uma contribuição ao estudo da origem das perversões sexuais (1919a). *In*: FREUD, S. **Uma Neurose Infantil e outros trabalhos (1917-1918)**. Direção geral de tradução: Jayme Salomão. Rio de Janeiro:

Imago, 2006. p. 191-220. (Edição Standard das obras completas de Sigmund Freud, 17).

FREUD, S. O Estranho (1919b). *In*: FREUD, S. **Uma Neurose Infantil e outros trabalhos (1917-1918)**. Direção geral de tradução: Jayme Salomão. Rio de Janeiro: Imago, 2006. p. 237-276. (Edição Standard das obras completas de Sigmund Freud, 17).

FREUD, S. Além do princípio de prazer (1920a). *In*: FREUD, S. **Além do Princí-pio de Prazer, Psicologia de Grupo e outros trabalhos (1920-1922)**. Direção geral da tradução: Jayme Salomão. Rio de Janeiro: Imago, 2006. p. 17-75. (Edição Standart brasileira das obras completas de Sigmund Freud, 18).

FREUD, S. A Psicogênese de um caso de Homossexualismo em uma Mulher (1920b). *In*: FREUD, S. **Moisés e o Monoteísmo, Esboço de Psicanálise e outros trabalhos (1923-1925)**. Direção geral de tradução: Jayme Salomão. Rio de Janeiro: Imago, 2006. p. 159-186. (Edição Standard das obras completas de Sigmund Freud, 18).

FREUD, S. Algumas consequências psíquicas das diferenças sexuais anatômicas (1925). *In*: FREUD, S. **Além do Princípio de Prazer, Psicologia de Grupo e outros trabalhos (1920-1922)**. Direção geral de tradução: Jayme Salomão. Rio de Janeiro: Imago, 2006. p. 271-288. (Edição Standard das obras completas de Sigmund Freud, 19).

FREUD, S. Inibições, sintomas e ansiedade (1926). *In*: FREUD, S. **Um estudo autobiográfico, Inibições, Sintomas e Ansiedade, Análise Leiga e outros trabalhos (1925-1926)**. Direção geral da tradução: Jayme Salomão. Rio de Janeiro: Imago, 2006. p. 153-174. (Edição Standart brasileira das obras completas de Sigmund Freud, 20).

FREUD, S. Fetichismo (1927). *In*: FREUD, S. **O Futuro de uma Ilusão, Mal-Es-tar na Civilização e outros trabalhos (1927-1931)**. Direção geral de tradução: Jayme Salomão. Rio de Janeiro: Imago, 2006. p. 155-162. (Edição Standard das obras completas de Sigmund Freud, 21).

FREUD, S. O mal-estar na civilização (1930). *In*: FREUD, S. **O Ego e o Id e outros trabalhos (1927-1931)**. Direção geral de tradução: Jayme Salomão. Rio de Janeiro: Imago, 2006. p. 73-149. (Edição Standard das obras completas de Sigmund Freud, 21).

FREUD, S. Feminilidade, Conferência XXXIII (1932-1933). *In*: FREUD, S. **Novas Conferências Introdutórias Sobre Psicanálise e outros trabalhos (1932-1936)**. Direção geral de tradução: Jayme Salomão. Rio de Janeiro: Imago, 2006. p. 113-134. (Edição Standard das obras completas de Sigmund Freud, 22).

FREUD, S. Análise terminável e interminável (1937a). *In*: FREUD, S. **Moisés e o Monoteísmo, Esboço de Psicanálise e outros trabalhos (1937-1939)**. Direção geral de tradução: Jayme Salomão. Rio de Janeiro: Imago, 2006. p. 231-273. (Edição Standart Brasileira das Obras Psicológicas Completas de Sigmund Freud, 23).

FREUD, S. Construções em análise (1937b). *In*: FREUD, S. **Moisés e o Monoteísmo, Esboço de Psicanálise e outros trabalhos (1937-1939)**. Direção geral de tradução: Jayme Salomão. Rio de Janeiro: Imago, 2006. p. 275-287. (Edição Standard das obras completas de Sigmund Freud, 23).

FREUD, S. Esboço de psicanálise (1938). *In*: FREUD, S. **Moisés e o Monoteísmo, Esboço de Psicanálise e outros trabalhos (1937-1939)**. Direção geral de tradução: Jayme Salomão. Rio de Janeiro: Imago, 2006. p. 157-223. (Edição Standard das obras completas de Sigmund Freud, 23).

GERBER, I. Neutralidade, naturalidade, neuturalidade. *In*: CINTRA, M. U.; TAMBURRINO, G.; RIBEIRO, M. F. R. **Para além da contratransferência**: O analista implicado. São Paulo: Zagodoni, 2017. p. 199-202.

GOETHE, J. W. **Fausto I** (1834). São Paulo: Editora 34, 2011.

GOETHE, J. W. **Fausto I** (1774). São Paulo: Editora 34, 2017.

GONDAR, J. Ferenczi como pensador político. **Cad. psicanal.**, Rio de Janeiro, v. 34, n. 27, p. 193-210, dez. 2012. Disponível em http://pepsic.bvsalud.org/scielo.php?script=sci_arttext&pid=S1413-62952012000200011&lng=pt&nrm=iso. Acesso em: 11 mar. 2024.

HONDA, H. **Sándor Ferenczi e as perspectivas da psicanálise**: elementos para uma metapsicologia freudo-ferencziana. Curitiba: Appris, 2018.

JONES, E. **Papers on Psychoanalysis** (1913). Abingdon: Routledge, 1977.

JUNG, C. G. Tentativa de apresentação da teoria psicanalítica (1913). *In*: JUNG, C. G. **Freud e a psicanálise**. Tradução de Lúcia Mathilde Endlich Orth. Petrópolis: Editora Vozes, 2014. p. 101-238. (Carl G. Jung, Obra completa, 4).

KAHTUNI, H. C.; SANCHES, G. P. **Dicionário do Pensamento de Sándor Ferenczi**: Uma Contribuição à Clínica Psicanalítica Contemporânea. Rio de Janeiro: Elsevier; São Paulo: Fapesp, 2009.

KARNAL, L. **Pecar e perdoar**: Deus e o homem na história. Rio de Janeiro: Harper Collins, 2017.

KARNAL, L. 30 de março de 2021. **Facebook**. Disponível em: https://www.facebook.com/photo/?fbid=282843196622427&set=a.269807071259373. Acesso em: 16 abr. 2024.

KHAN, M. Introdução por Masud Khan. *In*: WINNICOTT, D. W. **Holding e interpretação**. Tradução de Sonia Maria Tavares Monteiro de Barros. 3. ed. São Paulo: WMF Martins Fontes, 2010. p. 1-23.

KUPERMANN, D. **Estilos do cuidado**: a psicanálise e o traumático. São Paulo: Zagodoni, 2017.

KUPERMANN, D. **Por que Ferenczi?** São Paulo: Zagodoni, 2019.

KUPERMANN, D. Os três negacionismos. **O Globo**, Opinião, 21 jul. 2020.

LACAN, J. O tempo lógico e a asserção de certeza antecipada (1945). *In*: LACAN, J. **Escritos**. Tradução de Vera Ribeiro. Rio de janeiro: Zahar, 1998. p. 197-213.

LACAN, J. **O Seminário, livro 3**: as psicoses (1955-1956). Rio de Janeiro: Zahar, 1988.

LACAN, J. **O Seminário, livro 5**: as formações do inconsciente (1957-1958). Rio de Janeiro: Zahar, 1999.

LACAN, J. À memória de Ernest Jones: Sobre sua teoria do simbolismo (1959). *In*: LACAN, J. **Escritos**. Tradução de Vera Ribeiro. Rio de Janeiro: Zahar, 1998. p. 704-724.

LACAN, J. **O Seminário, livro 11**: os quatro conceitos fundamentais da psicanálise (1964). Rio de janeiro: Jorge Zahar, 1985.

LACAN, J. Do sujeito enfim em questão (1966). *In*: LACAN, J. **Escritos**. Tradução de Vera Ribeiro. Rio de janeiro: Zahar, 1998. p. 229-237.

LONG, E. L. K. **Conselhos às mães**. São Paulo: Livraria da Liberdade, 1926.

MACCULLOCH, D. **Reformation**: Europe's house divided. Londres: Penguin Books 2004.

MAGALHÃES, M. G. S. **Medos, mimos e cuidados**: Uma história dos guias maternos brasileiros da primeira metade do século XX. São José dos Campos: 32D Produções, 2021.

MASSON, J. M. **A Correspondência Completa de Sigmund Freud para Wilhelm Fliess**. São Paulo: Imago, 1986.

MICHAELIS. **Desmentir**. Dicionário brasileiro da Língua Portuguesa, 2024. Disponível em: https://michaelis.uol.com.br/moderno-portugues/busca/portugues-brasileiro/desmentir/. Acesso em: 11 mar. 2024.

MILLER, J.-A. **O osso de uma análise**. Seminário proferido no VIII Encontro Brasileiro do Campo Freudiano e II Congresso da Escola Brasileira de psicanálise. Belo Horizonte, 1998.

NASIO, J.-D. **9 Lições sobre Arte e Psicanálise**. Rio de Janeiro: Zahar, 2017.

NIETZSCHE, F. **Assim falou Zaratustra** (1883). São Paulo: Companhia das Letras, 2014. (Livro virtual).

OLIVEIRA, M. M.; VELOSO, L. T. T. Dificuldades no ensino de psicanálise em universidades: a confusão de línguas entre professor e aluno. **Revista Portuguesa de Psicanálise**, [*s. l.*], v. 42, n. 2, p. 92-98, 2023. DOI: 10.51356/rpp.422a11. Disponível em: https://rppsicanalise.org/index.php/rpp/article/view/76. Acesso em: 2 jun. 2024.

OLIVEIRA, M. M. **A língua da ternura e a língua da paixão**: psicanálise e comunicação de afetos. Rio de Janeiro: Razzah, 2022.

OLIVEIRA, M. M. Presença psíquica e presença motora: um estudo psicanalítico sobre a economia da pulsão no sujeito psicossomático. **Trama**: revista de psicossomática psicanalítica, n. 5, 2023. Disponível em: https://www.sedes.org.br/Departamentos/Revistas/psicossomatica_psicanalitica/index.php?apg=artigo_view&ida=93&ori=edicao#topo. Acesso em: 26 mar. 2024.

OLIVEIRA, M. M. **Sándor Ferenczi, precursor da psicossomática**. São Paulo: Zagodoni, 2024.

OPAS – Organização Pan-americana da Saúde. OMS destaca necessidade urgente de transformar saúde mental e atenção. 17 jun. 2022. Disponível em: https://www.paho.org/pt/noticias/17-6-2022-oms-destaca-necessidade-urgente-transformar-saude-mental-e-atencao. Acesso em: 28 mar. 2024.

PEREIRA, J. S. **História, Ciência e Infância**: Narrativas profissionais no processo de singularização da pediatria como especialidade. Brasília: Capes; Belo Horizonte: Argvmentvm, 2008.

PITROWSKY, L. **O eu, o isso e o nosso**: o espaço-entre na clínica psicanalítica. Curitiba: Appris, 2021.

PIZA, W. **O livro das Mãezinhas**. São Paulo: Rotary Club, 1937.

PLATÃO. **A República**. São Paulo: Martin Claret, 2003.

RANCIÈRE, J. **O ódio à democracia**. São Paulo: Boitempo, 2014.

RANK, O. **Le traumatisme de la naissance** (1923). Influence de l' avie prénatale sur l'évolution de la vie psychique individuelle et colletive. Paris: Payot, 2002.

RANK, O. **O trauma do nascimento e seu significado para a psicanálise** (1924). Bauru, São Paulo: CienbookEdipro, 2015.

RIBEIRO, D. **O Brasil como problema** (1995). São Paulo: Global Editora, 2023.

ROIZMAN, D. H. **Gaiata psicanálise**. São Paulo: Zagodoni, 2023.

ROUDINESCO, E.; PLON, M. **Dicionário de psicanálise**. Rio de Janeiro: Zahar, 1998.

SHAKESPEARE, W. **A Trágica História de Hamlet Príncipe da Dinamarca** (1603). Edição: Ridendo Castigat Moraes. Fonte Digital, 2000. Disponível em: https://www.ebooksbrasil.org/adobeebook/hamlet.pdf. Acesso em: 15 jul. 2023.

SOREANU R. The Psychic Life of Fragments: Splitting from Ferenczi to Klein. **Am J Psychoanal**. 2018 Dec;78(4):421-444. doi: 10.1057/s11231-018-9167-0. PMID: 30361647.

THEBAS, C. Depois que a gente brinca, a gente fica amigo. *In*: DUNKER, C.; THEBAS, C. **O palhaço e o psicanalista**: como escutar os outros e transformar vidas. São Paulo: Planeta do Brasil, 2019. pp. 48-50.

TODAS as razões para esquecer. Direção: Pedro Coutinho, Egisto Betti, Heitor Dhalia e Ducha Lopes. Produção: Lagoa Filmes, 2018. Duração: 91 min.

VALE, S. C.; CASTRO, J. E. O tempo e o ato psicanalítico na direção do tratamento. **Tempo psicanal.**, Rio de Janeiro, v. 45, n. 2, p. 439-451, dez. 2013. Disponível em: http://pepsic.bvsalud.org/scielo.php?script=sci_arttext&pid=S0101-48382013000200012&lng=pt&nrm=iso. Acesso em: 14 mar. 2024.

VIEIRA, B. A. Comentários: Mesa 1. *In*: I ENCONTRO DO GRUPO BRASILEIRO DE PESQUISAS SÁNDOR FERENCZI "SOLTAR AS LÍNGUAS", 2019, São Paulo. Disponível em: https://www.youtube.com/watch?v=1vMTUVaZC3M&t=13s. Acesso em: 24 ago. 2020.

WINNICOTT, D. W. Desenvolvimento emocional primitivo (1945). *In*: WINNICOTT, D. W. **Da pediatria à psicanálise**. Tradução de Davy Bogomoletz. São Paulo: Ubu Editora, 2021. p. 281-299.

WINNICOTT, D. W. Distorção do ego em termos de falso e verdadeiro "self" (1960). *In*: WINNICOTT, D. W. **O Ambiente e os Processos de Maturação**: Estudos sobre a teoria do desenvolvimento emocional. Tradução de Irineo Constantino Schuch Ortiz. Porto Alegre: Artes Médicas, 1983. p. 128-139.

WINNICOTT, D. W. O papel de espelho da mãe e da família no desenvolvimento infantil (1971). *In*: WINNICOTT, D. W. **O brincar e a realidade**. Tradução de Breno Longhi. São Paulo: Ubu Editora, 2019. p. 177-188.